"너는 내가 사랑하는 아들, 내 마음에 드는 아들이다."

(마르1, 11)

영 광 송

영광이 성부와 성자와 성령께

처음과 같이 이제와 항상 영원히. 아멘.

마니피캇

내 영혼이 주님을 찬송하며,

나를 구하신 하느님께 내 마음 기뻐 뛰노나니,

당신 종의 비천함을 돌보셨음이로다.

이제로부터 과연 만세가 나를 복되다 일컬으리니,

능하신 분이 큰일은 내게 하셨음이요,

그 이름은 "거룩하신 분"이시로다.

그 인자하심은 세세대대로

당신을 두려워하는 이들에게 미치시리라.

당신 팔의 큰 힘을 떨쳐 보이시어

마음이 교만한 자들을 흩으셨도다.

권세 있는 자를 자리에서 내치시고,

미천한 이를 끌어올리셨도다.

주리는 이를 은혜로 채워 주시고,

부요(富饒=富有)한 자를 빈손으로 보내셨도다.

자비하심을 아니 잊으시어

당신 종 이스라엘을 도우셨으니,

이미 아브라함과 그 후손을 위하여

영원히 우리 조상들에게 언약하신 바로다.

(루카1, 46-55)

몽실식당 이야기

서민 갑부 동운상인의 성공 비결!

봉실식당 이야기

김동운 지음

자유문고

흙으로
삶인

머리말

얼마 전 서울 합정동에서 만난 30대 중반가량의 한 청년의 표정이 비장해 보였다. 10년 경력의 횟집 근무 경험을 바탕으로 자신의 가게를 오픈하려는 그 청년의 용기가 매우 대견해 보였다. 취업에 힘들어 하는 많은 청년들이 창업에 눈을 돌리는 모습은 자연스런 현상이다. 사람이 안 먹고는 살 수 없기에 식당경영은 또 다른 벤처사업이라고 본다. 그 청년에게 격려를 아끼지 않았다.

하지만 한편으로는 걱정도 되었다. 외식업은 창업 후 1년을 못 넘기고 90퍼센트는 망한다는 통계가 있다. 그만큼 많은 준비와 전략을 갖지 않고서는 이쪽 분야에서 살아남기 힘들다는 말이다. 식당 창업을 앞둔, 실제 외식업을 운영하는 사람들을 만나 멘토링을 하면서 안타까운 마음이 들었다.

40여 년 동안 장사를 해오면서 나는 무수한 시행착오를 겪었다. 나의 40여 년 장사 경력이 그들에게 작지만 실제적인 도움이 되었으면 좋겠다는 생각으로 이 책의 집필을 시작하였다. 또한 장사창업 멘토링 브랜드 '동운상인'을 만들었다.

앞으로 필자는 장사를 시작하는 사람들에게 살아 있는 교육 프로그램도 만들어 실질적인 도움을 주고자 한다.

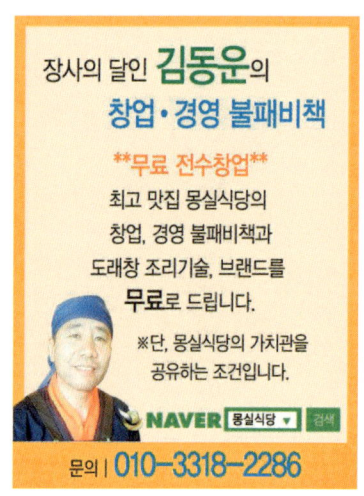
필자는 초등학교 시절의 신문 팔이와 구두닦이를 계기로 장사 경력을 쌓기 시작하였다. 'KBS 9시 뉴스'를 기점으로 소위 먹방 등 다양한 TV 프로그램에 40여 차례 이상 출연도 하였다. 지금은 대한민국 최초로 도래창 요리를 개발하여 불과 30평 규모의 가게에서 손님을 하루 종일 줄 세우는 장사를 통해 10억 원 이상의 연매출을 올리고 있다. 그렇게 손대는 장사마다 모두 대박을 치는 것을 본 지인들이 붙여준 별명이 '천재상인'이다.

하지만 필자는 천재는커녕 바보소리를 듣고 자란 사람이다. 초등학교 졸업 때까지 한글을 제대로 터득하지 못했고, 중학교 졸업 때까지 구구단을 못 외워 집에서나 동네에서나 급우들에게까지 공공연하게 바보취급을 당하는 학습능력 장애가 있었기 때문이다. 그 덕에 나의 최종 학력은 중학교 졸업이 되고 말았다.

그런데 장사는 공부와는 다른 영역이었다.

대기업을 이룬 삼성그룹 고 이병철 회장도 조그마한 정미소에서 시작했고, 현대그룹 고 정주영 회장도 경일상회라는 쌀가게에서 시작했으며, 한진그룹 고 조중원 회장도 25세 때 트럭 한 대로 장사에 임했다. 이 밖에 세계적인 기업들도 처음에는 모두 조그만 구멍가게 장사로 시작하였다.

이들은 집념과 열정을 가지고 열심히 일하고 끊임없이 노력한 대가로 대기업을 일군 것이다. 또한 시대 트렌드를 읽고 거기에 맞는 전략과 비책으로 작은 곳에서 출발해 대기업, 나아가 글로벌 그룹으로 성장해 나간 것이다.

최근 "단군 이래 최대 불경기여서 이럴 때는 무엇인가를 벌리면 안 된다"고 말하는 사람들이 많다. 하지만 둘러보면, 지금 대한민국은 단군 이래 가장 많은 인구가 남녀노소를 불문하고 하루에 적게는 한 끼에서 많게는 전 끼니를 외식으로 해결하고 있다.

한마디로 폭발적인 수요가 외식업이라고 말할 수 있는 상황이다. 내 가게에 손님이 없을 뿐 그들이 어디선가 뭔가는 먹고 산다. 그들이 어디로 가는지 방향을 못 잡아서 그렇지 '외식업만은 불황이 아니다'라고 감히 말하고 싶다. 사람은 안 먹고는 살 수 없기 때문이다.

개중에는 필자의 주장에 바로 반론을 제기하며 경고하는 사람도 있다. '앞으로는 우주식량이 나와 알약 하나만 먹어도 배부른 시대가 온다. 그러면 식당은 모두 망한다'며, 식당 운영자가 큰소리칠 날이 얼마 안 남았다고 말이다. 그런 분들에게 이야기하고 싶다.

문화가 발달해 사람들의 삶의 질이 높아지고 편해질수록 외식업은 더 잘될 것이다. 왜냐하면 죽을 만큼 아프지 않은 사람은 맛있는 음식(식욕)을 포기하지 못하기 때문이다. 대한민국에서 집을 갖고 있는 중산층 이상만 상대해도 걱정 없다. 무엇을 어떻게 파느냐가 중요하지 고객의 수요 걱정은 할 필요가 없다. 끝까지 진화하며 견디는 사람들은 장사가 더 잘될 것이라고 감히 장담한다.

그리고 나는 무일푼으로 전국구 식당을 일군 필자의 경험을 많은 사람들에게 알려주고 싶다. 나는 빚보증과 사기, 잘못된 선택으로 무일푼이 된 것이지 당시도 장사로 망한 것은 아니었다. 나는 장사 경력이 무려 40년이 넘는다. 2~3번의 실패를 빼고, 나머지 모든 장사를 성공시킨 특별한 경력을 가지고 있다. 그랬기에 '몽실식당'을 오픈했을 때에도 실패에 대한 두려움이나 불안은 전혀 없었다. 다른 이들이 모두 망해도 나는 된다는 자부심이 있었다. 나는 투혼이 있고 장사의 원리를 너무 잘 알고 있기 때문이다.

고객에게 나의 아이템으로 이익을 줄 수 있기에 시간 싸움이었다. 3년 넘게 연구하여 개발에 성공한 나만의 메뉴 도래창과 대중성이 강한 최고 품질의 맛있는 고기, 그리고 푸짐함으로 날개를 달았다. 특별한 메뉴와 좋은 고기를 푸짐하고 싸게 파는데 식당을 방문하지 않을 사람이 누가 있겠는가?

특화된 전문 메뉴가 있었고, 대한민국에서 둘째가라면 서러워할 고기를 싸게 살 수 있는 유통의 전문 지식을 바탕으로 싸게 팔아도 이익을 남길 수 있으니 번창할 수밖에 없었다. 거기에 몽실식당의 브랜드를 브랜딩화 하기 위해 나의 삶이 몽실이고 몽실이 내 삶이 되는 온전한 일치를 위한 노력을 계속하기 때문이다.

물론 식당은 대박이 나 매출은 매년 상승하며 기록을 갱신하고

있다. 아무나 식당을 하지 못한다. 그러나 누구나 할 수 있고, 김치찌개나 된장찌개 하나만 갖고도 대한민국 최고의 음식점을 만들 수 있다.

이 책에서는 4단계로 나의 경험과 노하우를 풀었다.

1단계 '식당 창업설계도를 그려라'에서는 식당 창업의 총론적인 이야기를 하였다. 외식업의 본질과 창업을 앞둔 사람들의 마인드와 준비 점검 등을 다뤘다.

2단계 '시장조사에 임하라'에서는 점포를 구하는 방법부터 메뉴를 정하는 것까지 식당 창업의 기본적인 ABC에 관해 조언하였다.

3단계 '장사 오픈'에서는 장사의 프로세스, 감동을 주는 고객대응 방법, 식당 운영의 노하우를 다뤘다.

4단계 '지속 가능한 성공전략'에서는 계속적인 성공을 위해서 필요한 요소가 무엇인지를 필자의 경험과 배움을 토대로 제시해 보왔다.

　글의 중간 중간에 내가 행한 멘토링 사례도 언급하여 현장에서 실제로 부딪치는 어려움에 도움이 되고자 하였다.

　'나눔'은 우리 몽실식당이 지향하는 중요한 가치이다. 몽실식당은 서스펜디드(미리내) 운동으로 이미 2,000그릇이 넘게 배고픈 이웃과 나눴으며, 총매출의 0.5퍼센트를 유니세프에 기부하고 있다. 앞으로도 이런 나눔의 가치에 동참하고자 하는 분들과 함께하고 싶다.

　지구촌에서 하루에 굶주림으로 죽어가는 이웃이 10만 명이나 된다고 한다. 나는 수많은 동운상인 프랜차이즈가 만들어져서, 이 나눔의 대열에 함께할 수 있기를 바란다. 이 책은 그 희망을 위한 마중물이다.

식당 창업 설계도를 만들어라

외식업을 정말로 좋아하는가?

많은 분들의 지론이다. '성공하고 싶으면 자신이 좋아하는 일을 찾아라!'

맞는 말이다. 외식업 또한 정말 좋아하는 사람들만이 살아남을 수 있는 치열한 공간이다. 물론 얼마 전까지만 해도 먹는 장사는 망하는 법이 적었고 최소한 밥은 먹고 살았다. 그러나 최근 몇 년 사이에 경쟁이 치열해져 10중 8, 9할은 망하고 그 비용은 고스란히 비싼 밥값으로 지불된다.

외식업은 꽤 지루한 싸움을 견뎌야 하는 사업이다. 손익분기점을 넘어 안정이 되기까지 짧게는 3년에서 길게는 10년 이상 걸리는 경우도 있다. 우리 가게도 안정되기까지 5년이 걸렸고 그 이후 안정권에 들었다. 이렇게 지루하고 힘든 싸움을 해야 하는데 돈벌이 수단이나 기회로 여겨 조건만 보고 시작하는 것은 무리가 아닐까? 수단이나 기회가 틀어지는 순간 자신과 가족의 생계를 포기해야 하는 비참함을 초래할 수 있기 때문이다.

여기서 나열하는 항목 가운데 3가지 이상을 체크할 수 있다면 조건과 상관없이 시작해도 무리는 없다.

- 2대 이상 외식업 종사 집안으로 가업을 승계해야 한다.
- 돈버는 것과 관계없다. 외식업이면 된다.
- 외식업을 위해 3년 이상 준비하고 연구했다.
- 탁월한 미식가이며 대한민국 최고의 맛집을 대부분 섭렵했다.
- 나만의 특화되고 경쟁력 있는 메뉴가 있다.
- 대한민국에서 알아주는 요리사다.
- 꽤 유명한 연예인이며, 외식업에 관심이 많다.
- 자본이 많아 3번 이상 재도전이 가능하다.
- 근성과 끈기가 누구 못지않다.
- 힘이 좋고 일하는 것을 정말 좋아한다.
- 지인 중에 외식업으로 크게 성공한 사람이 있다.
- 직원으로 나를 도와줄 사람이 2명 이상 있다.
- 유머가 풍부하고 친화력이 남다르다.
- 이런저런 활동으로 지역에서의 평판이 좋다.
- 봉사를 많이 하여 지역에서 많은 칭송을 받고 있다.
- 정치적·경제적으로 지역 유지다.
- 이재에 밝고 장사 감각이 탁월하다.

- 3가지 이상의 사업을 모두 성공했다.
- SNS를 이용한 마케팅에 탁월한 수단을 갖고 있다.
- 빅데이터를 마케팅에 활용할 수 있다.
- 외식업 관련 서적을 50권 이상 읽었다.

위기는 곧 절호의 기회

매년 이웃 사장님들과 말하는 공통적인 얘기가 하나 있다. 바로 작년보다 경기가 안 좋아졌고, 장사도 예년만 못하다는 것이다. 그 옛날 엄청난 호경기 이후 IMF 사태와 더불어 세계적인 금융위기를 보냈으니 그럴 만하다. 그런데 주의할 점은 호경기일 때도 망할 사람들은 망했고, 불경기일 때도 사업을 일으켜 돈을 번 사람들은 부자가 되었다.

여기서 중요하게 살펴봐야 할 것은 어떤 사람들이 성공했냐는 점이다. 성공한 사람들은 어느 때를 막론하고 전문가들이었다. 그들은 경기가 좋을 때도 나빠질 때를 대비하여 외형보다 내실을 기하는 쪽에 더 많은 투자를 했다. 직원이나 거래처와의 유대관계를 돈독히 하여 힘들 때 거꾸로 그들의 도움을 받아 위기를 모면했다. 경기가 회복되었을 경우에는 잠재된 능력을 발휘하여 엄청난 성장을 이루는 결과를 낳았다.

그러나 매번 경기가 안 좋다는 말만 반복하는 사람들은 자기 일에 전문성이 없는 사람이 대부분이다. 그러니 기회가 와도 기회인지 알 수 없다. 경기가 좋아 사업이 조금 잘되면 자신이 잘나서 그런 줄 착각하고 흥청망청 세월만 낚는다. 이처럼 준비 없이 보내다가 진짜로 경기가 나빠져 힘들 때면 와르르 무너지는 일을 반복하는 사람들이다.

나는 요즘 경기가 나쁘다고 말하는 사람들에게 앞으로 20~30년 후에는 그래도 그때가 좋았다는 말을 할지도 모른다고 말해 준다.

위기는 당신이 믿는 신이나 세상이 당신을 더 성장시키기 위해 시간을 주는 것이다. 그런데 그것을 못 알아보고 세상 탓만 하는 우를 범하지 않길 바란다.

장사가 조금 덜되어 시간의 여유가 생긴다면 자신이 하는 일을 더 잘할 수 있는 전문가가 되도록 공부하는 시간을 가져라. 자신이 하는 일과 상통하는 서적을 100권만 읽으면 누구나 그 계통에서는 최고 전문가가 될 수 있다. 세상에 공짜는 없다. 하는 일에 투자하는 시간이 성공을 부른다.

어려운 시기가 더 큰 성장을 준비하는 시간으로 유용하게 쓰이길 바란다. 아무리 불경기고 힘들다 해도 한 번 생겨난 돈은 없어지지 않는다. 흐름이 바뀌고 주인만 바뀔 뿐이다. 앞으로 21세기의 돈의 흐름을 짐작해 보고 앞서 가서 내 것으로 만드는 지혜를 길러보자.

벌써 10년은 된 것 같다. 하남에서 장사할 때 어느 날 전라도 사
투리가 심한 친구가 찾아왔다.

전라도에서 우리 가게가 소개된 먹방을 보고 찾아왔으니 제
발 기술 전수를 해달라고 무작정 떼를 썼다. 인건비는 안 받고
사장님이 됐다고 할 때까지 열심히 일로 보답할 테니 밥만 먹여
달라며 매달리는 것이 아닌가?

나는 어쩔 수 없이 그가 원하는 대로 해보라고 했다. 그러나
식당 일이라는 것이 어느 정도 음식에 대한 감이 있어야 하고
손이 빨라야 하는데, 둘 다 안 되는 의욕만 앞선 사람이었다. 그
럭저럭 3개월이 지났는데 처음보다 나아진 점이 없었다. 그러
나 그냥 보내기도 안타까워 망설이던 차에 조개와 해물찜을 먹
으러 갔는데, 아이템이 좋아 둘러보니 신생 체인점이었다. 그래
서 특별한 기술을 요하지 않는 체인점을 운영하도록 설득을 하
고, 팁으로 본사의 레시피에 30퍼센트의 추가 해물을 넣어 주
라고 알려 주었다. 덧붙여 추가 해물은 본사에서 받지 말고 가
락동 수산시장에서 직접 구매하도록 말해 주었다. 그리고 수산
시장을 두어 번 같이 가고 음식 세팅하는 것도 일주일 동안 같
이하며 도와줬다.

그 결과 지금은 완전히 독립하여 자체 브랜드로 장사하며 승승장구하여 많은 돈을 벌었다. 덕분에 그 친구는 나를 보면 항상 사부님이라 부르며 매사를 의논하는 동생이 되었다.

어려움이 학습이고 성공의 시작이다

주변 사람들은 나를 보고 성공했다고 말한다. 지금 운영하고 있는 '몽실식당'에 매일 줄을 세우며 장사하는 모습을 보고 하는 말이다. 그리고 도래창 하나 잘 만들어서 대박을 친다며 운이 좋다고 부러워하는 사람들이 꽤 있다. 그러나 그들은 내가 도래창을 붙들고 10여 년 동안 몸부림친 사실은 모른다.

매일, 그것도 두 끼 이상 3년을 넘게 먹어가며 맛을 낸 노고를 아는 사람도 없고, 알려고 하는 사람도 없다. 다만 장사가 잘되는 것이 부러울 뿐이다.

나는 그런 사람들에게 말한다.

"앞으로 몽실의 매출은 10배 이상 늘어날 거예요."

그러면 그들은 조금 장사가 된다고 건방이 하늘을 찌른다며 비아냥거리고, 네가 언제까지 잘되는지 보겠다며 반감을 갖는 사람도 있다.

그러나 나는 자신 있다. 사실 겸손하게 말해 10배지, 100배 이상 성장시킬 수 있는 복안이 이미 세워져 있다. 나의 장사 경력은 40년이 넘었는데, 그중에 외식업만 30여 년을 하고 있고, 부모님도

평생 장사만 하다 돌아가셨기에 부모님의 가르침까지 합한다면 최소 60여 년의 내공에 이르는 정말 풍부한 노하우와 경험을 갖고 있다.

또 주변 지인들에게 코칭을 하여 성공시킨 사례도 여러 건 있기에 장사에 대해서만큼은 언제나 쉽고 자신이 있었다. 그런데 7, 8년 전에 자신감이 떨어지고 나의 장사능력에 대해 의심해 본 적이 있었다. 그것은 내가 하남에서 대박을 친 품목을 가지고 비슷한 조건을 갖추고 있는 양평에서 상호까지 똑같게 하여 재 오픈을 했는데 장사가 안 되어 망하기 일보 직전까지 갔기 때문이다. 잘되던 품목에 가장 자신 있는 방법을 더하여 업그레이드시켰지만 3년간 장사는 죽을 쓰고 답이 없었다. 그렇게 시간을 보내다 우연찮은 기회에 깨닫게 되었는데, 소비자의 성향이나 트렌드, 니즈를 파악하지 못한 장사는 망할 수밖에 없다는 사실이었다. 장사는 소비자의 이익이 우선되어야 하고 그들이 원하는 것을 팔아야 하는데 나의 이익과 내가 팔고 싶은 물건만 팔았던 것이다. 한마디로 짝사랑만 했으니 누가 나를 알아주겠는가?

장사의 성패는 소비자들이 원하는 것이 무엇인지를 파악하고 그들의 욕구를 채워 주는 것에 달려 있다. 한마디로 눈높이 사랑을 하는 것이라 할 수 있다. 예를 들어 자식을 사랑하지 않는 부모가 어디 있을까? 그러나 자녀들이 자신들을 향한 부모의 사랑을 느끼지 못하듯 우리의 고객들도 우리가 그들을 얼마나 사랑하는지 알지 못한다. 그래서 마케팅을 고객 입장에서, 고객이 원하는 것을 들어주는 방향으로 가야 하는데, 여기에는 끈기 있게 기다려 주는 사랑과 믿음이 필요하다.

동운 상인의 생각 정직이 힘이다

정직은 모든 상인이 '꼭' 갖춰야 할 21세기의 새로운 전략이다. 특히 자신에게 정직한 것이야말로 장사꾼에게 꼭 필요한 덕목이다. 모든 성공과 소통은 신뢰라는 밥을 먹고 자란다.

누구든지 장사로 성공할 수 있다

많은 분들이 장사로 성공했다. 그들의 면면을 보면, 특별한 스펙이나 학벌을 가진 건 아니었지만 성공이 그들을 특별한 사람으로 만들었다. 그들은 자신이 원하는 만큼보다 더 많은 대가를 지불할 줄 아는 아주 평범(?)한 사람들이다.

작게 성공한 나 또한 노동이라는 대가를 지불하고 여기까지 왔다.

한마디로 대학을 나오고 스펙을 쌓고 모든 준비를 끝내고 시작하는 것이 아니라, 내가 성취하고 싶은 만큼 계속해서 대가를 지불한 것이다. 쉽게 말해서 귀한 보석이나 보물급에 속하는 도자기를 손에 넣으려면 경매 가격을 남보다 더 써넣어야 내 것이 되지 않겠나? 그렇게 조금 더 많은 대가를 지불하며 차곡차곡 쌓아올린 실적이 그들을 성공한 사람으로 만든 것이다.

실질적으로 자수성가한 사람들은 '누구나 열심히 살면 성공한다'는 평범한 진리를 보여주는 증인들이다. 하지만 많은 사람(실패한 사람)들이 보면서도 모른다. 들을 귀가 있는 사람은 듣고, 볼 수 있는 눈을 가진 사람은 보기 바란다.

성공은 특별한 사람만 하는 것이 아니라는 사실을.

장사보다 좋은 직업은 없다

나는 행복하다. 그러기에 장사보다 좋은 직업이 없다고 감히 말한다. 그리고 모든 가게에서는 나처럼 행복해야 하고, 그 행복을 팔아야 한다. 내가 행복하지 못하면 직원이 힘들어지고, 그 직원들은 고객을 행복하게 해줄 수 없게 된다. 그러므로 만일 내가 고통 속에 있거나 희망이 없다면 빨리 장사를 접는 것이 현명한 선택이 될 것이다. 외식업을 단순히 먹고 사는 돈만을 위해 시작했다면 실패할 확률이 높을 뿐만 아니라 나를 비롯해 여러 사람을 힘들게 만드는 단초가 된다.

그러나 사람이 어떻게 매일 행복할 수 있겠는가? 그래서 나는 매일 아침 반드시 3분 이상 웃고, 일하는 중간중간 조금만 웃을 일이 생겨도 큰소리로 웃는다. 그러면 우선 직원들이 따라 웃고, 그리고 고객들도 따라 웃게 된다. 분명 행복할 때 웃음이 나오지만 거꾸로 웃기에 행복해지는 희한한 일이 발생한다. 더 재미있는 점은, 직원들이 웃으면서 흥에 겨운 서비스를 하니 고객 만족도는 당연 오르게 되어, 많은 고객들이 '음식도 맛있지만 서비스가 더 맛있는 집'이라는 품평과 함께 맛집이 이렇게 친절한 식당은 처음 봤다며 칭찬과 함께 저절로 단골이 된다.

　　또한 다른 식당이나 업체에서 벤치마킹하는 사례도 가끔 있어 매출에도 많은 도움이 된다. 그것뿐인가! 장사꾼인 나보고 "선생님은 장인이십니다." 하며 엄지를 세워 보이기도 하고, 명함을 한 묶음씩 가지고 가며 "오늘부터 몽실식당 홍보대사가 되겠습니다."라고 한다. 어떤 사람은 혼자 대접받기 아깝다고 하며 "시골에 계신

부모님이 올라오시면 꼭 모시고 올게요.", "외국에 나가 있는 아들이 귀국하면 데려올게요."라고 약속하기도 한다.

이러니 내가 어떻게 행복하지 않을 수 있겠는가. 이렇게 되기까지에는 웃음에 더하여 진정성이 또 한몫을 했다. 많은 외식업체들이 "고객은 왕이다. 고객은 신이다." 하며 손님들을 높이 올려놓는 것 같지만 자신에게 이익이 안 되는 왕이나 신은 무시하고 막 대하기도 한다.

그러나 나는 직원과 손님을 가족으로 생각한다. 가족은 미우나 고우나 가족이고, 가족에게 주는 음식은 정성이 깃들기 마련이다.

멀리서 방문한 형제가 와도 그렇고, 부모나 자식이라면 더 말할 것도 없다. 어떻게든 더 맛있게 해서 조금이라도 더 먹고 가게 하려고 애쓰듯 항상 그런 마음으로 장사에 임한다. 오늘도 멀리서 친인척이 찾아오고 자식들이 온다. 정말 행복하다.

둥근상인의 생각 장사, 누구나 할 수 있다

상인은 유통을 통해 이익을 창출하는 사람이다. 자신이 취급하는 상품에 대한 최고의 전문성이 없다면 장사하면 안 된다. 좋은 상품을 싸게 사서, 싸게 팔아도 수익을 낼 수 있어야 성공할 수 있기 때문이다. 우리 선조들의 마케팅 전략이다. 이왕이면 다홍치마가 좋고, 아재비 떡도 싸야 먹는다.

마음의 준비가 필요하다

지난 가을에 대청봉을 등반했다. 아무런 생각도, 별 준비도 없이 친구들이 간다고 하니 따라 나선 것이다. 한마디로 네가 하면 나도 할 수 있다는 배짱으로 시작한 등반이었다.

등산복은 물론 변변한 등산화마저 신지 않고 산의 높이며 얼마나 험준한지, 또 내 체력으로 정상을 밟을 수 있는지, 어떠한 기초 지식도 없는 상태에서 무작정 따라 나선 것이다.

그러니 시작부터 장난이 아니었다. 너무 힘들어 포기하고 싶었지만 일행하고 떨어진다는 두려움과 오기가 발동해서 무리를 했다. 여하튼 우여곡절 끝에 정상에 올라 기분 좋게 하산을 시작하는데 문제가 발생했다. 무릎의 통증이 예사 통증을 넘어 도저히 발을 내딛을 수 없을 정도였다. 하지만 내려와야 하는 상황인지라 울면서 내려왔다.

나는 그곳에서 천국과 지옥을 동시에 경험했다. 아름답게 물든 단풍과 기암절벽으로 이뤄진 천혜의 풍경은 저절로 감탄사를 토하게 만들었지만 무릎의 통증으로 비명도 같이 내뱉어야 하는 얄궂은 시간이었다.

여하튼 하산 후 바로 병원에서 MRI 촬영을 겸한 진료 결과 무릎의 연골이 찢어졌단다. 다시는 등산을 못 할 뿐만 아니라 심한 운동과 오래 걷는 것마저 삼가야 한다는 진단을 받았다.

창업도 마찬가지다. 남이 한다고 쉽게 덤벼들거나, 근거 없이 자신의 능력을 너무 과대평가하거나, 잡job을 과소평가하는 일은 없어야 한다.

아픈 곳은 수술이나 치료를 통해 좋아질 수 있지만 사업은 한 번 실패하면 재기 불능에 빠져 패가망신하는 경우가 많다. 가능하면 철저히 분석하고, 또 분석하자. 옛말에 돌다리도 두들겨 보고 건너라고 하지 않았는가?

창업만이 길은 아니다

꼭 창업만이 길인가?

나는 아니라고 생각한다. 누군가 열심히 하는 사람을 도와 같이 성공하는 것도 나쁘지 않다. 남을 돕는 일은 스스로를 돕는 일이기 때문이다. 최선을 다했는데 실패할 경우도 있지만 자신에게는 리스크가 전혀 없다.

물론 성공하게 되면 자신에게 충분한 대가가 주어질 것이다. 혹여 물질적인 대가가 주어지지 않는다 해도 새로운 파트너를 찾을 수 있는 스펙이 되고, 무상으로 주어진 경험이 남는다. 그것은 돈으로 환산되지 않는 지적 재산이다. 그 재산으로 실패 없는 도전을 할 수 있기 때문이다.

정말로 성실하고 근면한 직원 B가 있었다. 그는 주인인 나보다 더 주인같이 식자재를 아끼고, 좋은 아이디어를 내는 등 버릴 것이 없는 사람이었다. 흠이라면 성격이 까칠해 주변에 사람이 없다는 점이었다.

그런데 B가 독립을 선언했다. 나는 깜짝 놀라 내가 서운하게 한 일이 있는지, 보수가 적어서 그런지, 그의 진심이 무엇인지를 물어 봤다. 그런데 B는 정말로 창업을 결심하고 몇 달 전부터 가게를 알 아보다 자신에게 알맞은 가게까지 얻었단다. 오 마이 갓!

B는 나에게 너무 늦게 말했다. 그는 아직 준비가 부족한 사람이 다. 시스템이 갖춰져 있는 가게에서는 역량을 발휘할 수 있지만 독 립적으로는 많은 부분에서 부족했다. 특히 대인 관계가 좋지 않아 그와 같이 일할 사람이 없는 점이 가장 큰 문제였다. 그러나 내가 말릴까 봐 두려워 일을 저지른 다음에 얘기를 했으니 내가 말린다 고 들을 상황이 아니었다. 나는 그의 창업을 도왔다. 장사 준비에 필요한 모든 것을 같이 점검하면서 마치 직영점을 오픈하듯 그를 도왔다.

특히 그의 명함을 1,000장이나 가져다가 우리 식당에 온 손님들 에게 돌렸다. '제가 아끼던 직원 아무개가 근처에 가게를 오픈했으 니 한번 품평을 부탁한다'는 말로 고객 유치를 위해 헌신했다.

그 때문에 남아 있는 직원들이나 주변 지인들로부터 내 밥그릇 을 뺏으려고 근처에 가게를 차렸는데 속도 좋다며 비아냥거리는 소리를 들어야 했고, 실제로 손님도 많이 줄었다.

나에게 헌신하던 직원이기에 잘되기를 바랐지만 그는 1년을 넘 기지 못하고 그동안 안 먹고 안 쓰며 모은 돈을 다 날리고 빚만 떠 안게 되었다. 그는 다시 우리 가게에서 일하고 있다.

좋은 상인의 생각 행복을 파는 가게

장사꾼이라면 연민의 눈을 가져야 한다. 직원의 어려움과 고객의 아픔을 볼 수 있고, 그들과 눈높이를 같이 할 수 있는 공감능력이 필요하다. 식당에서 음식만 파는 시대는 지났다. 고객은 부가 서비스로 행복, 즐거움, 편안함, 기쁨, 환희 등 다양한 것을 원한다.

그것을 어떻게 채워 줄 수 있을까? 365개의 하지 마라는 율법과 248개의 하라는 율법을 '사랑'이라는 한마디로 완성하였듯, 모든 부가 서비스도 사랑으로 완성하면 된다. 성공하고 싶은가? 기쁜 마음으로 일하고 직원을 사랑하고 고객에게 진심으로 감사하라.

경험이 없는 사람은 직원으로 2년 이상 일하라

어떤 음식에 자신이 있다고, 주변에서 식당 하면 대박날 거라는 감언에 가게를 오픈하는 사람들이 종종 있다. 그런 사람들은 자신이 만드는 음식을 철저히 객관적으로 검증해야 한다. 우선 상대 맛집을 최하 100군데는 찾아가 맛보고 그중 최고 맛집보다 더 맛있고 싸게 만들 수 있을 때 가게를 오픈하라.

또 맛집 3곳을 선정하여 직원으로 일하며 충분한 정보를 얻어야 한다. 인테리어와 편리를 위한 구조며 원자재 구입부터 직원과 세무 관리까지 점검하고 공부할 것이 한두 가지가 아니다. 특히 실질적인 운영은 막연히 생각했던 것이나 직원 생활과는 천지 차이다.

직원에서 가게의 직접 경영으로 바뀌면 넘어야 할 산이 한둘이 아닌 걸 알게 된다. 직원 생활은 리스크를 줄이는 최소한의 비책에 가깝다. 3곳의 음식과 경영시스템을 보고 문제점을 보완한 후 가게를 오픈한다면 성공확률은 100퍼센트에 가깝다.

그러면 어떻게 최고 맛집 3곳을 섭렵할 수 있을까? 그것은 걱정할 필요가 없다. 맛집이라면 어디나 일손이 모자라기 때문이다. 또 중요한 팁이 있다. 그곳에서 동료를 사귀어 진짜 일 잘하는 사람을 스카우트하기가 쉽다.

동병상련의 정을 나누던 직원끼리 일종의 의리심도 작용하고, 검증된 좋은 직원을 구할 수 있으니 일석이조다.

자본금은 얼마가 좋은가

돈은 중요하지 않다. 장사를 위해 준비하는 목록 가운데 제일 뒷자리다. 그것은 적으면 적은 대로 시작하면 된다. 실제로 나는 500만 원만 있으면 가게를 오픈할 수 있다. 요즘 개점 휴업상태에 있는 가게나 폐업 후 월세로 보증금을 다 까먹은 가게들이 널려 있으니 말이다.

옛날 어른들의 말이다. 아기는 작게 낳아서 크게 키우라고 했다. 가게도 마찬가지다. 작게 시작해서 크게 키워야 한다. 보통은 자신의 스펙 때문에 그래도 이 정도는 되어야 한다는 식으로 보여주는 장사를 시작한다. 그러나 아무리 시설이 좋고 멋진 인테리어를 갖추어도 한 번 보고 두 번 보면 싫증나는 것이 사람들의 심리다. 보여주는 장사는 영화나 연극같이 아무리 잘되고 좋은 것도 막을 내리게 되어 있다.

그러나 많은 사람들이 음식보다는 인테리어 경쟁을 하듯 이웃보다 조금 더 조금 더 하다 보니 배가 산으로 올라가는 경우가 많다. 한마디로 본질을 벗어나 우동집을 하면서 카페나 레스토랑같이 꾸미고, 어떤 가게는 파는 음식과 전혀 어울리지 않는 인테리어로 손님이 찾아올 수 없게 만들거나 부담을 주어 들어오지 못하게 쫓는 경우도 있다. 그러고선 손님이 안 들어온다며, 이처럼 좋게 꾸며 놨는데 알아주지 않는다며 지역민을 촌사람 취급하는 걸 종종 본다.

소비자의 마음을 읽고 거기에 맞춰도 될까 말까 한데 새롭고 멋지게만 하면 무조건 될 줄 아는 단순함이 어이없고 안타깝다. 가게는 자신이 준비한 자본금의 1/3로 창업을 했을 때 가장 안전하다. 혹여 실패를 하더라도 리스크가 적고 그 경험을 바탕으로 재투자가 가능하기 때문이다. 또 성공한다면 경험과 자본으로 크게 키울 수 있는 기회가 된다. 하긴 이미 30년이 지난 일이지만, 나도 큰돈 4,000만 원을 들여 멋지게 인테리어를 했지만 결국 망했다. 게다가 나가면서 원상복구 비용으로 300만 원을 제한 보증금만을 받았으니 얼마나 억울했겠는가?

그런데 6억 원을 들여 인테리어를 하고도 망한 피자집에 5,000만 원을 투자해서 정말 멋진 고깃집으로 만들어 대박을 치고 있는 지인도 있다. 가게 오픈은 이렇게 하는 것이고, 돈도 이렇게 버는 것이다.

장사는 파는 것이 아니라 사는 것이다

아무리 좋고 소비자에게 꼭 필요한 상품이라도 비싸면 안 된다. 상품의 주요한 경쟁력은 단가에서 나오고, 그 단가는 소비자가 정하기 때문이다. 한마디로 가격대비 소비자 만족도가 높아야 한다. 아재비 떡도 싸야 먹는다.

혹자는 상품의 가치를 팔아야지 가격 가지고 장사하면 안 된다고 하지만, 이미 모든 유통이 합리화 되어 있고 선명해져 있어서 가격 파괴가 쉽다. 특히 큰 기업들에서 각종 이벤트를 핑계 삼아 할인 및 덤핑판매를 공공연하게 하는 세상이다. 단적인 말로 나라끼리 FTA를 하는 것은 결국 자기 나라의 상품을 싸게 많이 팔겠다는 속셈일 뿐이다.

그런데 하물며 개인이 거기에 합류하지 못하면 망하는 수밖에 없다. 시중에 다양한 종류의 마케
팅 교육 및 관련 서적이 수백 권
나와 있지만, 좋은 재료를 싸게
살 수 없다면 어떻게 싸게 팔 수
있겠는가?

괜스레 남만 좇아가다가 망조
가 드는 이유가 여기 있다. 어떻
게 하면 좋은 물건을 싸게 살 수
있을까?

많은 수고와 노력이라는 충분
한 대가를 지불해야 한다. 또 장
사는 이익을 내기 위한 상행위라고 생각하는 사람들이 많은데, 어
떤 사람이 내가 돈을 벌게 매번 상품을 구매해 주겠는가? 세상에는
자기의 이익이나 목적이 없으면 상품을 구매할 사람이 단 한 명도
존재하지 않는다.

그러므로 나의 상품이나 판매 방식이 소비자에게 이익을 줄 수
없다면 장사는 포기하는 것이 좋을 것이다. 다시 한 번 강조하는
데, 장사는 이익을 내기 위한 수단이 아니라 이익을 주기 위한 수
단이 되어야 한다. 이렇게 장사의 대한 기본적인 인식만 가지고 있
어도 최소한 실패라는 참담함을 겪지 않게 될 것이다.

또 나도 내 가게 밖을 나가면 뭐든 사야 하는 고객이라는 사실
과, 소비자들도 뭔가를 파는 장사꾼이라는 사실을 항상 염두에 두

면 소비자를 쉽게 보는 마음은 사라질 것이다. 이렇게 기본적인 공
식과 약간의 응용력만 있으면 자식들이 서로 물려달라고 사정을
하는 가게를 꾸릴 수 있다.

그러면 내 시간을 내는 일이 용이하게 될 뿐만 아니라 아이들,
아니 자손들의 미래까지 탄탄하게 만들 수 있는 대물림이 가능한
사업이 외식업이다.

여주 5일 장터에서 빈대떡을 비롯해서 여러 가지 음식을 놓고 파는 아주머니를 도와준 적이 있다. 우연히 장 구경을 갔는데 다른 집들은 자리가 없어 손님들이 줄을 서 있는데, 그 집만 아주머니 둘이서 자리를 지키고 앉아 맥없이 손님을 기다리는 모습이 안쓰러워 뭔가를 팔아 주려고 자리를 잡고 앉아 빈대떡과 막걸리를 시켰다.

그리고 막걸리 한 잔과 빈대떡을 맛보고 그 집에 왜 손님이 없는지를 알았다. 한마디로 음식 맛이 형편없었다. 기본적인 맛도 없고 지저분한 데다, 말라 비틀어져 있는 반찬은 어쩌다 한 번 온 손님마저 다시는 안 찾을 형편이었다.

그래서 아주머니께 사실대로 말하고 내 명함을 건네며 조금 도와 드리고 싶은데 괜찮겠냐고 물었다. 그러자 아주머니가 반색하며 남편의 사업 실패로 생각도 없었고 한 번도 해보지 않은 장사라 뭐가 뭔지, 어떻게 해야 하는지 몰라 주변 지인들이 시키는 대로 대충 하고 있는데 역시 안 된다는 것이었다.

그래서 아주머니에게 내가 시키는 대로 하겠다는 약속을 받고 노점음식이지만 좌판에 무늬가 있는 커버를 깔게 하고, 음식의 기본 간하는 방법 및 돼지껍데기와 닭발의 다대기 레시피를 알려 주고, 돼지껍데기는 싸니까 막걸리 잔술을 팔면서 그냥 서비스로 제공하라고 조언했다. 그리고 장이 서는 날 일부러 다시 찾아가 음식의 간을 봐 주고 제대로 하도록 멘토링을 해 주었다.

그러자 불과 한 달 사이에 손님이 줄을 서서 대기하는 집이 되었다. 그리고 2년여가 지난 얼마 전 다시 방문했을 때도 여전히 줄을 세우고 장사하고 있었다. 나를 보자 반가워서 어쩔 줄 몰라 하며, 그간 더 발전해서 국밥까지 하고 있다는데, 맛을 보니 매우 좋아 칭찬을 해주고 왔다. 물론 음식값은 아무리 주려해도 받지 않고, 되레 이것저것 싸주는 덕분에 도망(?)을 나와야 하는 기분 좋은 처지가 되었다.

시장조사에 임하라

나는 시장조사를 조금은 무식하게 한다. 제일 먼저 보는 것이 인구 밀도다. 최소한 20만 명 이상이고 내 음식이 통할 수 있느냐, 없느냐만 따진다. 일단 인구를 고려했다면 그 다음은 내가 만드는 음식과 해당 지역이 궁합이 맞는지가 중요하다. 미국 뉴욕에 대한민국의 김치찌개와 청국장 맛집을 옮겨 놓았다면, 강원도 속초시 회센터에서 화로 숯불갈비 식당을 한다면 과연 자신이 하는 노력의 대가를 얻을 수 있을까?

전략 1 산삼 같은 가게 구하기

요즘은 비싼 시설에 목까지 좋은 가게가 의외로 많이 있다. 불경기가 이어지다 보니 장사에 망한 다양한 가게가 무더기로 나와 있는 것을 종종 볼 수 있다.

마치 심마니가 산삼을 찾듯, 충분한 시간을 두고 자신이 원하는 상권을 찾다 보면 좋은 매물은 틀림없이 나타난다. 특히 산삼도 기후나 조건이 맞는 곳에 집단적으로 서식하듯이, 산삼 같은 가게는 많은 가게가 난립되어 있어 경쟁이 치열한 대박 상권에 있다.

상권부터 파악해야 경쟁력을 갖춘다

고객의 입장에서 편리성을 생각하는 것이 최우선일 것이다. 많은 사람들이 자신의 아이템은 둘째 치고 A·B·C로 상권을 나누고 A·B급 상권만을 최고로 친다. 그러다 장사가 안 되면 상권이나 근접성을 따지며 목이 안 좋아서 장사가 안 된다는 푸념만 늘어놓는다. 그러나 얼마나 많은 가게들이 A급 상권에서 문을 닫고 망해 나가는지를 안다면 깜짝 놀랄 것이다.

그러면 본격적으로 좋은 가게를 찾아보자. 전제 조건으로 상품력은 기본으로 하고 첫째, 주차공간의 확보다. 주차장이 없거나 공간이 협소하여 찾아오는 고객들이 주차에 불편을 느끼면 다시 찾기 힘들기 때문이다.

둘째, 찾기 쉬운 장소여야 한다. 요즘은 내비게이션이 잘 발달하여 어지간한 곳은 다 찾기가 쉽지만 간혹 애매하여 주변을 뱅글뱅글 돌게 되는 경우도 있다.

한편 의외로 사람의 통행량이 많은 곳이 있다. 그런 곳은 남향인 경우가 많다. 반면 서향이나 북향은 사람의 통행량은 적지만 해가 일찍 지기 때문에 간판등을 일찍 켤 수 있어 가게를 많이 노출시킬 수 있는 장점이 있다. 또한 상대적으로 임대료나 권리금을 낮은 가격으로 얻을 수 있는 확률이 높다.

또한 변두리 상권이 좋다. 서울이나 신도시의 로데오 거리 같은 화려하고 사람들이 몰려다니는 상권에서 장사 한번 해보고 싶은 것이 장사꾼의 심리일 것이다. 그러나 거기에는 엄청난 함정이 있다. 우선 임대료나 권리금이 비싸서 상품의 가성비를 높이기 힘들다는 점이다. 다음으로, 경쟁이 너무 치열하여 어지간한 실력으로는 상대하기 힘들고, 이긴다 한들 출혈이 너무 심해 남는 것이 없는 장님 제 닭 잡아먹기식 성공이다. 변두리 상권은 보통 경쟁력이 없거나 밀린 사람들의 집합소다. 조금의 노력으로 부가가치는 물론 대성할 수 있는 요소가 많다. 유명한 맛집들이 거의 외곽에 위치해 있는 것을 보면 이해할 수 있을 것이다.

이외에도 전철역이나 버스정류장에서 많이 걸으면 안 된다. 요즘 사람들은 걷기 운동은 하면서도 어느 장소를 찾는 데 많이 걷는 것은 질색을 한다. 번화가 로데오 거리 같은 곳의 뒷골목도 괜찮다. 의외로 가게세는 절반도 안 되는데 고객에게 홍보하기가 좋기 때문이고, 한 번 알려지면 복잡한 곳보다 한가한 곳을 선호하기 때문이다.

장사를 하려는 아이템을 적용시킬 수 있는지 충분히 생각해 보고 시작해야 한다. 예를 들어 회를 먹으러 오는 고객이 많은 곳에 고깃집을 낸다거나, 산나물을 즐겨 먹는 동네에서 고깃집이나 횟집을 하는 것은 정말 위험한 발상이다. 그 지역의 식생활 패턴(트렌드)을 무시하면 큰 낭패를 볼 수가 있다.

먹자골목인 경우 가운데 상권이 가장 좋다. 많은 사람들이 들어가면서 살피고 돌아 나오면서 살피는데, 다시 시작점으로 되돌아가는 부담 때문에 중간에 머무는 확률이 가장 높다.

모르는 동네보다 내가 가장 오래 머물고 지인이 많은 곳에서 식당을 열자. 나를 믿는 사람들이 많으면 광고하기가 쉬워 초기승부가 빠르고, 아이템만 확실하다면 굳히기가 좋기 때문이다.

가능하다면 재래시장 안에서 가게를 열면 좋다. 상권이 죽어 있어 권리금이나 가게세가 싸다. 반면 지역에서는 모르는 사람들이 없어 광고하기에 좋다. 또 통행량도 일반 도로보다는 많다. 그리고 가장 중요한 점은 정부나 지자체에서 재래시장 살리기 차원에서 지원도 많이 하고, 아이템만 특별하다면 방송을 탈 확률이 높기 때문이다.

주택이 많은 곳이나 단지가 조성된 곳도 괜찮다. 많은 사람들이 의외로 조용한 것을 좋아하고 가족과 함께 하기를 좋아하며, 지인의 방문이 있을 때에도 집에서는 간단하게 차나 한잔 하고 식사나 술대접은 집에서 가까운 식당을 찾아서 하기 때문이다.

내 집과 가까운 거리거나 한건물이면 가장 좋다. 항상 관리하기가 쉽고 출퇴근하는 시간과 힘을 절약하여 식당 오픈 시간을 늘릴 수 있어 고객의 편리를 봐줄 수 있으며, 잠깐씩 쉬는 시간을 통하여 식당에 활력을 불어넣을 수 있기 때문이다.

자신이 사는 지역에 대학교가 있다면 학생 대상 장사도 괜찮은데, 굳이 목이 좋을 필요는 없다. 학생들은 네트워크 형성이 잘되어 있어 좋은 곳은 잘 찾아다니기 때문이다. 가능한 넓은 공간을 확보하여 학생들이 단체 회합이나 모임을 할 수 있는 장소를 제공해 주고, 학생들의 수준에 맞는 상품만 취급해 주면 된다.

그 자리는 내가 만 10년을 노점으로 먹거리를 팔던 자리다. 다행히 고생한 보람으로 지금의 몽실식당을 운영하게 되어 나를 일으켜준 고마운 터를 다른 사람에게 넘겨줘야 했다. 나는 아까운 마음에 우리 가게에서 일하시는 아주머니에게 장사를 권했다. 그러나 아주머니는 남의 집 생활은 조금 해봤지만 직접 장사하는 것은 생각해 보지도 않았다며 거절했다.

그래서 다른 사람에게 자리를 넘기려고 준비하는 상황에 아주머니가 조심스럽게 물어 왔다. 딸만 셋이 있는데 둘이 대학을 다니고 있어 지금의 수입으로는 어림없어 현재 살고 있는 집을 내놓았다며, 지금의 월급보다 더 많은 돈을 벌 수 있겠느냐는 것이었다. 나는 물론이라고 대답하며, 몸은 지금보다 배는 힘들겠지만 수입은 3배 이상일 것이라고 했다.

그리고 멘토링을 해주려고 무엇을 팔고 싶은지 물었다. 그런데 뜻밖의 답이 나오는 것이 아닌가. 제대로 할 줄 아는 음식이 없으니 사장님이 시키는 대로 하겠단다. 참으로 난감했다. 의외로 주부들 가운데 음식 못하는 사람들이 많다는 사실을 깨닫게 되었고 그때부터 고민을 했다. 그러나 뾰족한 수가 없어 "진짜 할 줄 아는 음식이 없냐?"고 재차 물으니, 남편이 영양탕을 좋아해서 그것은 많이 끓여 봤는데 자신은 안 먹어서 간도 안 보고 끓인단다. 그래도 한 가닥 희망이 생겨 탕을 가져오게 하여 맛을 보니 수준 이상이었다. 그래서 바로 시작하기로 하고 내가 쓰던 집기류를 다 주고 큰 가마솥만 하나 사게 하여 영양탕 장사를 시작했다. 음식값은 시중의 반값으로 책정을 하고, 너무 안 남는 것 같아 특 메뉴를 만들고 수육과 주류를 팔아 마진을 챙기게 하였다. 역시 대박이 났다.

양평 5일 장터에서 장사가 가장 잘되는 가게가 되어 집을 안 팔고도 딸들은 무사히 학업을 마칠 수 있게 되었을 뿐만 아니라 좋은 직장에 취직까지 되어 살림이 완전히 펴게 되었다. 덕분에 나는 8년째 명절 때마다 다양한 선물을 푸짐하게 받고 있다. 이제는 안 받아도 되는데 말이다.

좋은 가게 고르는 법

이번에는 가게 자체만 보고 어떤 가게가 좋은 가게인지 알아보자.

나의 상품이나 아이템과 맞는 상가인지 확인한다. 건물이 오피스텔 용도로 지어져 있으면 식당에 필요한 상하수도며 설비를 갖출 일이 너무 많고, 또 건물주가 새로운 설비를 원치 않는 경우가 있어 용도에 맞게 고쳐 쓰기도 힘들다.

위 조건이 충족된다면 신축하는 건물에 입점하는 것이 가장 좋다. 그러면 권리금도 없고 내가 원하는 스타일대로 설계를 할 수 있기 때문이다. 물론 최근에 지어진 건물도 괜찮다.

오래된 건물은 외관이 좋지 않고 수도나 전기 등 문제를 일으키는 경우가 많다. 특히 외식업을 시작할 경우에 각종 시설 – 화장실, 전기, 상하수도, 유휴 공간 등 – 점검은 필수다. 그리고 가게 앞에 좌판을 펼칠 수 있는 공간이 확보되어 있는 곳이면 세는 싸면서도 활용할 공간이 늘어나 유용하다. 또한 당장은 작아도 장사가 잘되면 옆으로 늘릴 수 있는 상가나 건물이 좋다.

우리 가게는 20년이 넘은 낡은 건물이다 보니 전기며 상하수도 문제 때문에 돈은 돈대로 들어가고 계속되는 하자 때문에 얼마나 골치가 아픈지 모른다. 여러분은 그런 우를 범하지 않길 바란다.

작게 시작해서 크게 키워라

아기는 작게 낳아 크게 키우라는 말이 있다. 가게도 작게 시작해서 크게 키워야 한다. 많은 사람들이 남들에게 보여주기 위한 가게를 오픈하여 그야말로 보여주고 문을 닫는다. 가게는 나의 역량보다 조금 작게 시작해 이익과 경험을 먹고 자라게 해야 한다. 아무리 명품 옷을 걸친다 해도 나에게 크면 나를 바보로 만들 듯, 가게도 나의 역량보다 크면 나를 바보로 만들고 덤으로 실패까지 안겨준다. 처음부터 너무 큰 가게를 잡는 것은 위험한 일이다.

작게 잡아 경험도 쌓고 운영 시스템도 확보한 다음 천천히 늘려야 한다. 일단 가게가 작으면 내가 원하는 좋은 상권에 입점하기가 용이하다. 또 경비나 인건비 등 전반적인 운영비가 최소화되기 때문에 경쟁력 확보로 고객에게 집중할 수 있다. 가게 앞에 좌판을 펼치거나 테이블을 깔 수 있다면 금상첨화다.

작아도 반드시 가게가 여러 개 있는 건물에 입점하라. 장사가 잘되면 옆 가게는 치여서 문을 닫게 되기 때문이다. 그럴 경우 권리금 없이 무혈입성으로 가게를 키울 수 있는 기회를 잡을 수 있다. 내 경우에는 작은 가게가 3개뿐인 건물로 시작해서 더 이상 늘릴 수 없기에 밀려오는 손님을 감당하지 못하는 안타까움을 겪고 있다.

작으면 체인사업이나 직영점을 펼치는 데도 유리하다.

권리금은 없고 임대료는 싸게

가게를 얻을 때는 충분한 시간이 필요하다. 요즘 같은 장기 불황시대는 많은 가게들이 권리금이나 세가 싸게 나오기 때문에 확실한 아이템만 있다면 창업하기에 가장 좋은 시기다. 서두르지 마라. 눈에 콩깍지가 씌었다는 옛말이 있다. 그것은 욕심과 조급함으로 인해 급하게 가게를 정하기 때문에 발생한다.

가게를 정말 잘 고르려면 최하 6~12개월은 원하는 지역을 답사하여 서너 개를 마음에 두고 지켜봐야 나의 상황에 딱 맞는 가게를 구할 수 있다. 요즘은 한 집 건너 점포 임대가 붙어 있고, 아예 폐쇄된 곳도 꽤 많이 있기 때문이다.

물론 실패를 한 사람들의 입장에서 보면 안 된 일이지만 그들이 망했다고 나까지 망한다면 안 되지 않겠는가. 다만 세상 추세가 그

50

러니 지혜가 필요할 뿐이다. 충분한 시간만 갖고 시작한다면 시설이 완벽한 가게 중에 내 입맛에 맞는 가게를 고르는 것은 그리 어려운 일이 아니다.

문이 닫힌 가게가 있는 건물은 공실률로 건물 가격이 떨어지기 때문에 보증금과 가게세도 절충할 수 있는 호조건으로 입점할 수 있다.

앞에서도 말했지만 내 지인 중에는 6억 원을 들여 인테리어를 하고 문 닫은 가게를 불과 5천만 원에 인수한 분도 있고, 3억~5억 원짜리는 그냥 들어가는 경우도 허다하다. 이유는, 보통 가게에 입점해서 새로 인테리어를 하려고 하면 건물주가 원상복구를 전제조건으로 허락하는데, 망하는 와중에 철거 비용까지 부담할 수 없기 때문에 밀린 가게세로 보증금은 다 까먹고 도망가다시피 나가기 때문이다.

그러므로 매물이 나온 가게를 보면 느긋하게 기다려볼 일이다. 재수 좋으면 무혈입성으로 엄청난 인테리어 비용을 절감할 뿐만 아니라 어느 정도는 상권도 살려 놨기 때문이다.

건물주를 알고 가게에 입점하라

요즘 많은 사람들이 건물주와 갈등을 일으켜 권리금도 못 받고 쫓겨나는 경우도 있고, 터무니없는 가게세 덕(?)에 스스로 가게를 빼는 경우도 빈번하다.

그럼, 어떻게 해야 이런 어처구니없는 일을 안 당할 수 있을까?

사전에 건물주를 알아보고 입점하는 것이 중요하다. 건물주가 상가 건물을 서너 개 소유한 동네 유지에다 인품이 바른 사람이면 더할 나위 없이 좋다. 극소수(?)이긴 하지만, 건물 하나만을 소유한 건물주일 경우 잘되면 무슨 수를 써서라도 가게를 뺏어서 자기가 하거나 자식이나 친인척에게 주려고 한다. 아니면 가게세를 터무니없이 올리는 경우도 많다.

건물주가 재산이 많고 인품을 갖춘 유지일 경우 건물주의 지인들만을 상대로 장사해도 상당한 단골 고객을 확보할 수 있고, 장사가 잘된다고 욕심내는 자식도 없을 뿐만 아니라 나중에 건물을 매입하기도 좋다. 그런데 어떻게 건물주가 돈이 많은 부자인지, 또 인품이 좋은 동네 유지인지 알 것인가?

그것은 간단하다. 동네 부동산 중개소와 통하면 된다. 그들은 건물주들의 재산 상황과 인품에 대해서 어느 정도 파악하고 있고, 심지어는 사돈의 팔촌까지 꿰뚫고 있는 경우도 많다. 다행히 좋은 건물주를 만났다면 어떻게 해야 할까? 명절 때마다 소갈비 등의 값비싼 선물을 해야 하나?

아니다. 건물주가 가장 좋아하는 세입자는 가게세를 제때 내주는 사람이다. 그리고 건물에 대한 작은 하자는 스스로 해결해 귀찮게 굴지 않는 사람이다. 가게세를 날짜보다 항상 2~3일 먼저 갖다주라고 조언하고 싶다. 그러면 세를 못 내는 사람을 내보내고 나에게 하라고 권할 것이다. 그때 못 이기는 척 권리금 없이 무혈입성하고 가게를 키우면 된다.

역시 2년이 되었다. 용문산 관광지 입구에 주꾸미를 맛있게 하는 집이 있다고 해서 방문한 적이 있었다. 역시 들은 대로 사람들이 줄을 서 있었고, 한참 만에 들어가 맛을 보니 역시 맛집이 맞았다. 그런데 문제가 있었다. 오래 기다리는 손님들의 불만이 도를 넘고 있었다. 그러면 기분이 상한 손님들이 맛있게 먹고 갈 수 없을 게 아닌가?

　그러나 그 집은 관광지에 위치해 있어 주말만 손님이 많고 평일에는 손님이 거의 없어 직원을 많이 못 쓰기에 어쩔 수 없다며 포기하고 있었다. 그래서 내가 명함을 보여주니 '양평 맛집 몽실식당 대표냐'며 반색을 하고 '어떻게 하면 좋으냐'고 조언을 구했다. 그래서 이 집 반찬으로 나오는 샐러드가 정말 맛있는데 기다리는 사람들에게 푸짐하게 주고, 주꾸미가 매우니까 불고기를 하나 더 론칭하라고 알려 준 후 3~4개월쯤 지나 평일에 찾아갔다.

　이유인즉 잘하고 있나 점검도 하고 무엇인가 더 멘토링을 해주고 싶었기 때문이다. 그런데 더 이상 멘토링이 필요 없는 상황이었다. 샐러드와 구색상품 불고기에 만족한 고객들이 입소문을 내어 평일에도 줄을 서고 있는 게 아닌가? 주인 내외는 감사하다며 나를 보려고 우리 가게를 몇 번 방문했는데, 자기네 가게에서 뵙는다며 박장대소를 하는 게 아닌가? 아무튼 점심 대접을 배부르게 받고 귀가하며 생각해 보았다. '조금만 자신의 장사를 손보면 되는데 그게 왜 안 보이는 걸까?' 아무튼 기분 좋은 하루였다.

전략 2 베스트셀러 메뉴 정하기

식당 운영에서 메뉴 관리는 어떻게 해야 할까?

　영화 감독이 스토리를 선정하고 배우에게 배역을 맡기듯 운영하면 된다. 영화는 현 시대 대중의 감성과 트렌드를 반영한 스토리 선정이 가장 중요하다고 본다. 또한 주연배우의 스타성도 중요하지만, 그보다는 영화 스토리와 맞고 그 영화를 가장 잘 표현할 수 있는 배우가 배역을 맡았을 때 흥행에 성공할 수 있다.

　식당도 마찬가지다. 음식은 주변 환경과 트렌드를 반영하되 우리 가게만의 차별화된 주연급 대표 메뉴를 1, 2개에서 3개 안으로 개발한다. 여기에 막강하지만 주연의 부족한 부분을 메꿔줄 조연급 메뉴 1, 2개면 족하다. 한마디로 주연이 진중한 연기를 한다면 조연은 반대로 카메오cameo 역할을 하는 배우를 써야 한다.

　우리 몽실식당을 예로 들어 보겠다.

　내가 가게 오픈 준비로 정한 이미지는 선술집형 고깃집으로 1, 2차가 다 해결되는 곳이다. 정말 맛있지만 저렴한 가격의 고깃집으로, 어려운 사람들도 특별하고 맛있는 고기를 먹을 수 있게 하는 것이 나의 목적이다. 나는 대한민국 최초이자 하나밖에 없는 도래창 요리로 영업을 시작했다. 그러나 마니아들만 좋아하는, 호불호가 뚜렷한 음식이라 매출에 한계가 있었다.

　그래서 대중적이지만 맛이 각별한 흑돼지 스테이크와 삼겹살을

접목해 날개를 달아주자 매출이 크게 늘었다. 그리고 점심 '특선'으로 퍼주기식의 불고기 냉면과 불고기 된장찌개와 12찬의 샐러드 바를 조연으로 배치한 결과, 고깃집의 한계인 점심시간에도 좌석을 꽉 채워 고객과 점주가 동시에 이익을 보는 이벤트가 되었다.

　이렇게 준비를 갖춘 우리 몽실식당은 천만 관객을 위한 마케팅 작업을 진행 중이다.

나만의 킬러 메뉴를 만들어라

잉글랜드 축구인 EPL을 시청하다 보면 킬러 공격수가 등장한다. 한국 출신인 손흥민 선수도 잘하지만 같은 팀인 토트넘의 해리케인은 킬러 공격수이다. 다리와 머리, 몸으로도 골을 넣어 2017년도 EPL에서 가장 많은 골을 넣은 선수로 기록되었다.

외식업에도 킬러 공격수가 필요할 때가 있다. 창업을 하고 성공을 꿈꾸는 사람이라면 자신만의 특별한 메뉴가 있기에 자신있게 출발한다. 그렇게 큰마음을 먹고 시작한 장사지만 터줏대감(지역 맛집이나 대박식당)의 아성을 이기지 못하고 밀려나는 경우가 태반이다.

분명히 여러 지역에서 잘되는 것을 검증하고, 이 정도의 퀄리티와 가격이면 무조건 대박을 치리라는 기대감에 부풀어 가게를 오픈하지만 강적 터줏대감에게 치여 어이없이 망하게 되는 경우가 허다하다.

그럴 경우 써먹는 방법이 킬러 메뉴다. 내 상품과 곁들여 지역민이 즐겨 찾는 메뉴를 찾아야 한다. 즉 킬러 메뉴를 써야 한다. 우선 맛집의 맛을 따라잡을 수 있도록 벤치마킹과 연구를 통해 터줏대감보다 더 맛있게 만들어야 한다. 그렇게 만들어도 그 집에 길들여진 지역민은 우리 상품을 인정하지 않는다. 그러나 거기에 음식값을 대폭 낮춘다면 싼 맛에 찾아오고, 그러면서 우리 음식에 익숙해지면 우리 가게의 대표 상품도 먹어볼 기회를 제공할 수 있게 된다.

나만의 음식 도래창은 약간은 기호성이 강해 호불호가 분명한 상품이다. 다른 지역에서는 없어서 못 파는 상품이지만, 지역 특성상 보수 기질이 강한 양평에서는 그 아성을 뚫기가 여간 힘든 것이 아니었다.

그래서 론칭한 상품이 흑돼지 스테이크다. 이유는 이 지역 고객들이 유난히 삼겹살을 잘 먹는다는 사실을 파악했기 때문이다. 그래서 이왕이면 가장 맛있는 것으로 승부를 걸려고 전국의 고기 맛집을 100여 곳 넘게 다니며 찾은 고기가 흑돼지이다.

가격을 지역 삼겹살 값의 50퍼센트대로 정하고 승부를 걸었다. 물론 예상대로 히트를 쳤다. 이제 흑돼지 스테이크는 킬러 상품의 역할을 넘어 효자상품이 되었다. 물론 가격도 정상으로 올려놓았다. 외식업에도 킬러 공격수가 필요할 때가 있다.

둥근상인의 생각   자신만의 고집도 필요하다

많은 사람들이 무조건 고객의 말이 맞다고 생각한다. "손님이 짜다면 짠 것이다"라는 말이 대변하듯. 그러나 사공이 많으면 배가 산으로 간다는 말이 있듯이 줏대가 없는 경영인(요리사)의 음식은 니맛도 내맛도 없는 밍밍한 음식이 되기 쉽다.

세상에서 단 하나뿐인 가게

장사에 성공하고 싶으면 자기 가게만의 가치관을 만들어라. 그리고 스토리를 만들어 나만의 상품을 론칭하는 것이 세상에서 단 하나뿐인 가게를 만드는 비결이다. 다음 내용은 몽실식당에서 만든 가치관과 스토리로, 손님들에게 잘 보이도록 식당에 소개되어 있다.

(1) 몽실가족의 목표

우리는 2018년 12월 31일까지 월매출 1억 원을 '꼭' 달성할 것입니다. 이 매출을 달성하기 위해 양적·질적으로 최고의 효율적인 서비스를 제공할 것입니다. 우리는 이 매출을 달성할 수 있는 365

일 줄서는 몽실식당을 강력하게 확신합니다.

우리는 매일 줄서는 가게를 열망하기에 이미 그 상황을 그려 볼 수 있고 확신합니다. 우리 몽실가족의 성공은 외식업에 종사하는 분들과 어려운 이웃들에게 희망이기에 꼭 성공할 것입니다.

우리는 날마다 모든 면에서 좋아지고 있습니다. 동운상인은 서스펜디드(미리내) 운동으로 2,000

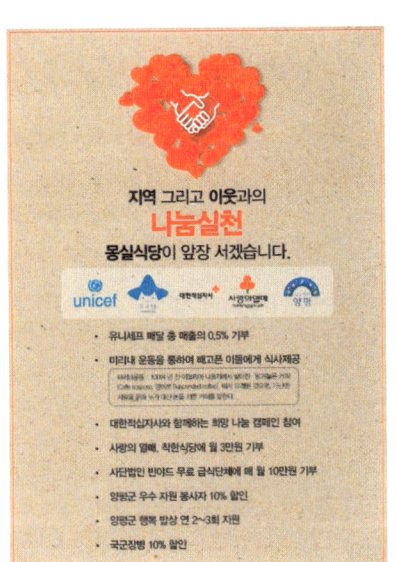

그릇 넘게 배고픈 이웃과 나눴으며 매출의 0.5퍼센트를 유니세프에 기부하고 있습니다. 나눔을 원하는 분들과 함께하고 싶습니다. 우리는 10만 개 이상의 동운상인 프랜차이즈가 만들어지길 원합니다. 이유는 하루에 굶주림으로 죽어가는 이웃이 10만 명이나 되기 때문입니다.

동운상인은 21세기 오병이어의 기적을 소망합니다.

⑵ 고객님의 조언을 기다립니다

우리 몽실에서 시도했으면 하는 상품이나 타 점포의 우수한 시스템이 있으면 알려 주세요. 우리 것과 융합시켜 새롭고 더 좋은 상품과 서비스를 개발해 고객님께 이바지하겠습니다. 사업하시는 데 힘들거나 새로운 시스템을 개발하고 싶으신 분은 문의하세요. 제가 가진 지식을 나눠 드리겠습니다.

잘 나가는 기업이나 식당을 벤치마킹하던 시대는 끝났습니다. 잘되는 메뉴나 콘셉트를 따라 해 봐야 2인자 또는 아류가 될 뿐입니다. 항상 새로운 맛과 서비스, 특별한 가치를 찾는 고객들의 눈높이를 맞추기 위해서는 누구도 시도하지 않은 가치를 찾아 퓨처마킹 해야 합니다.

누가 간 길이 아니라 사람들의 숨겨진 욕구를 찾아내 새로운 메뉴를 개발하거나 특별한 콘셉트 마케팅을 선보이는 오리진이 되어야 합니다. 나의 것과 업종이 다른 것의 융합으로 10년은 남이 따라 할 수 없는 창조적이고 가치 있는 상품이나 시스템을 만들 것입니다.

(3) 대한민국 1.2퍼센트 토종 흑돼지 '육보흑돈'

삼겹살과 스테이크는 대한민국에서 1.2퍼센트밖에 안 되는 귀한 육보흑돈으로 머리, 네 다리, 꼬리 등 여섯 곳이 하얀 것이 특징입니다. 또한 리놀산의 함량이 풍부하고, 지방 융점이 낮아 오리고기와 같으며, 철분 함량은 상대적으로 높아 선홍색으로 식감이 특별히 우수해 대한민국에서 세 손가락 안에 드는 맛을 자랑합니다.

⑷ '도래창' 넌 누구냐?

학명은 '장간막'입니다.

12.5미터의 곱창을 잡아주고 연동운동을 담당하며, 림프절이 있어 면역 세포를 만들어 주며, 장에 혈액을 공급해 주는 중요한 기관입니다. 손바닥만한 크기에서 목살, 삼겹살, 곱창, 막창, 닭똥집 맛이 나는 특수 부위로 일명 뒷고기 중에 하나입니다. 저는 2002년 초부터 3년 넘게 삼시세끼 도래창으로 밥과 술을 먹으며 연구에 연구를 거듭하여 대한민국에서 하나뿐인 도래창 요리를 개발했습니다.

남녀노소 모두가 태어나서 처음 느껴보는 특별한 고기맛이라며 좋아해 주셔서 '맛집 몽실식당'이 되었습니다.

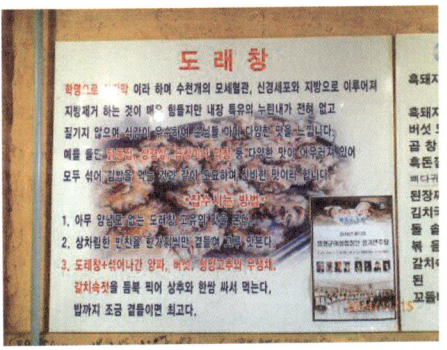

홍성한우 하면 꽤 유명하지 않은가?

그런데 내가 방문한 명품관은 파리만 날리고 있었다. 그것도 한참 영업시간에 말이다. 여하튼 이미 들어갔으니 실망스럽지만 고기 대신 욕먹기 싫어 기본 메뉴를 시켰다. 그런데 웬일인가? 고기가 썩 좋을 뿐만 아니라 기본 베이스도 여느 식당을 앞도하고 가격까지 저렴하지 않은가? 추가 2인분을 더 먹고, '시작한 지 얼마 안 되어서 아직 알려지지 않았나보다'는 생각에 마케팅 방법을 알려 줄 심산으로 주인을 청했다.

그런데 웬일인가? 이미 가게를 오픈한 지 5년이 넘었으며, 별짓을 다 해 봐도 손님이 늘지 않는다며 올해만 더 하고 문을 닫아야겠다고 말하는 것이 아닌가? 나는 내 명함을 보여주며 '내가 하는 말을 들을 것인가' 물었더니 좋은 방법이 있으면 가르쳐 달라며 붙잡았다. 그래서 그 가게를 찬찬히 관찰해 보니 다 좋은데 너무 밋밋할 정도로 평범하고 스토리가 없었다. 그런데 사장님과 대화를 나누다 보니 원래 소 장수 출신으로 소에 대하여 해박한 지식의 소유자였다.

나는 사장님께 소고기에 대한 스쿨을 열어 소비자와 지역 사람들에게 소에 대한 무료 교육을 실시해 줄 것을 제안했다. 그러자 바로 현수막을 맞추고 카탈로그와 자료 팸플릿을 만들어 고객과 지역민들에게 주기적으로 나눠주며 어떤 때는 2~3사람, 많을 때는 20여 명 앞에서 강의를 시작했다.

약 1년 사이에 5배로 매출이 폭발적으로 늘어났다고 자랑한다. 그것은 자연스럽게 전문가라는 인식과 함께 이왕이면 최고의 전문점에서 먹고 싶어 하는 소비자의 욕구를 만족시킬 수 있는 스토리가 형성되었기 때문이다. 여하튼 자주 전화가 와서 나보고 놀러오라고 권한다. 가면 풀코스로 쏜다는 사장님의 행복한 목소리이다.

잘하는 것보다 좋아하는 음식을 팔아라

우리 집은 전국구 맛집에 속한다. 그러다보니 많은 사람들이 벤치마킹 대상지로 우리 가게를 방문한다. 그리고 무작정 전수 창업을 요구하거나 몰래 카피해 가는 사람들도 매우 많다.

그런 사람들에게 해주는 말이다.

"전수 창업을 무료로도 해줄 수는 있지만, 지금 배워서 언제 제 아성을 따라올 수 있겠습니까? 당신의 베스트 메뉴를 대한민국 최고로 만드는 것이 더 빠릅니다. 나름 전문성이 있기 때문에 조금만 더 노력하면 최고로 만들 수 있을 겁니다. 다른 곳을 기웃거리지 말고 같은 업종, 지역 최고의 맛집을 100군데 선정해서 그들의 노하우를 뽑는 것이 훨씬 쉬울 겁니다."

그러면 모두 수긍하고 돌아간다. 그런데 문제가 있는 사람들이 있다. 막연하게 외식업이 좋아 보여서 하고 싶다며 몇 년을 준비한 사람들이다. 그들은 확실한 주 메뉴를 선정하지 못해 이곳저곳 잘되는 식당은 모조리 벤치마킹을 하지만 A를 보면 그게 하고 싶고, B를 보면 B가 그럴듯하여 ABCD 등 여러 곳을 방문하지만 확신을 가지지 못한다.

장사가 제일 잘되고 마진이 좋을 것이라 생각하는 품목을 선택하지만 전문성이 부족한 상태로 시작해서 망하기 일쑤이다. 베스트 메뉴를 선택할 때는 아주 특출하게 잘하는 실력을 갖추지 못했다면 자신이 좋아하는 음식으로 정하라고 조언하고 싶다.

음식을 개발하는 데는 남다른 노력이 필요한데, 일단 많이 먹어봐야 하기 때문이다. 그러기 위해서는 내가 좋아하는 음식으로 승부를 걸어야만 계속해서 나의 완성품과 남의 음식을 비교 분석하며 질리지 않고 시식할 수 있다. 그래야 계속적인 진화가 이루어지고, 혹여 누군가가 벤치마킹을 통해 나의 것을 흉내 내더라도 스스로 계속 진화를 거듭하기 때문에 원조 브랜드의 아성을 유지할 수 있다.

정성은 최고의 양념이다

"고객은 귀신이다. 고객은 모르는 것이 없다."

주방에 있어서 보이지도 않는 주방장이 바뀐 것을 알아차리고, 우리가 자신에게 조금만 안 좋게 대해도 바로 알아차린다. 고객들은 이미 최고의 맛과 최고의 서비스의 경험치를 몸(감각)에 저장하고 있기 때문이다.

고객의 마음에 들고 싶다면 어떻게 해야 할까?

귀신을 달래는 방법은 '지극정성!'이 답이다. 많은 사람들이 하는 말이다. 손님들은 같은 사람이 같은 래시피대로 하는 데도 불구하고 지난번에 왔을 땐 맛있었는데 예전만 못하다고 폄하하기도 한다.

어찌된 일인가? 정말 맛이 없어진 것인가? 아니다. 그것은 진화하는 손님들의 입맛을 따라잡지 못해서 생긴 일이다.

객관적으로 생각해 보자. 자신이 김치찌개를 좋아해 아내에게 김치찌개를 해달라고 부탁하여 맛있게 먹었다. 그런데 다음 날도 그 다음 날도 계속 김치찌개를 끓여 낸다면 당신의 반응은 어떻게 될까? 누구나 마찬가지다. 같은 음식을 계속 먹다보면 물리게 마련이다. 그래서 맛이 없어졌다는 표현을 쓰는 것이다. 그러기에 한결같은 맛을 제공하는 비결은 진화가 답이다. 변화와 진화를 위해서는 정성이라는 특수 양념이 꼭 필요한데 그중 몇 가지만 나열하겠다.

①간 보는 일을 철저히 해야 한다. 사람들에 따라 간 세기가 다르기 때문이다. 이것은 우리 가게만의 고유한 맛을 유지하기 위해서도 절대적으로 필요하다.

②제사 준비를 해봤는가? 혹은 귀한 손님을 맞을 준비라든지……. 그렇게 준비하면 된다. 가게 분위기는 물론 몸과 마음까지 완벽한 준비가 필요하다. 그것은 우리 가족과 직원의 가족은 물론 거래처까지 먹여 살리는 분이 바로 고객들이기 때문이다. 그들은 각자가 믿는 어떤 신과 같은 존재며, 부모나 형제보다 우리에게 더 많은 도움을 주기 때문이다. 정성에 정성을 더하면 진리가 이뤄진다.

③내가 다른 식당에서 받고 싶은 것의 2배 이상의 서비스를 해야 한다. 서비스는 철저히 정성이다.

맛집 중 특히 대박식당들의 특징은 평범한 것 이상이 많다는 점이다. 평범한 대중 음식을 비범하게 만들면 되는 것인데, 과연 어떻게 해야 평범함에서 비범함으로 거듭날 수 있을까?

매번 하는 방법으로는 비범한 음식은커녕 잡탕을 만들기 일쑤이다. 전혀 다른 방법으로 360도 돌려 보기도 하고 다양한 방법을 연구해야 한다. 그리고 이렇게 만든 음식을 대통령이 살고 있는 청와대에 납품하러 가야 한다고 생각해 보자.

그러면 나름 특별하고 좋은 음식이 나올 것이다. 어떤 대박집 중에 설렁탕 전문점은 뼈에서 우러나온 국물의 누린내를 없애기 위해 별의별 양념과 수십 가지의 한약재를 넣어도 효과를 보지 못했다. 어떤 약재는 맛에 아무런 영향을 주지 못하는 것도 있고, 반대로 어느 것은 자체의 향이 너무 강하여 본래의 맛이 없어지는 등, 다양한 방법을 다 써봐도 본래 사골의 깊은 맛은 살리면서 누린내를 잡을 방법이 없었던 것이다. 그런 상황에서 갑자기 떠오른 생각이 삼계탕이나 닭백숙에 인삼을 넣어 맛과 향, 그리고 약효까지 보는 것이었다.

바로 인삼을 넣고 끓여본 결과 누린내는 가시고 사골 본연의 맛과 은은한 인삼향기와 더불어 약효 또한 좋았다. 원하는 결과를 얻기까지 약 10년을 연구한 끝에 대박식당으로 거듭나는 결과를 도출했다. 이렇게 어떠한 답이 나올 때까지 새로운 방법을 계속해서 시도해보는 정신이 명품을 만든다.

음식을 만드는 사람은 자신이 만드는 요리에 대해서는 최고의 전문가가 되어야 하고, 그 정성은 장인의 도에 이르러야 성공을 할 수 있다.

일본의 4~500년을 넘게 유지해온 재래시장과 1~200년 된 상점들, 400년 된 떡집 등을 보면서 대형 자본에 대항할 수 있는 방법은 정성이 깃든 핸드메이드밖에 없다는 것을 인식했다.

그렇게 성공한 작품으로 2대, 3대 이어가는 100년 기업의 탄생을 볼 수 있다면 10년 아니라 20년도 투자할 수 있지 않을까? 자, 우리 모두 100년 기업의 창업주가 되어 보자.

동균 상인의 생각

중소기업도 대기업의 시스템을 따라할 때 성장한다

생각=한계다. 생각을 크게 하고 시스템화 하면 자동 성장한다. 브랜드와 브랜딩의 개념을 확실히 이해하여 자신의 신념을 상품이나 가게에 넣어라. 그 스토리가 브랜딩을 만든다.

최고의 맛과 합리적인 가격

모든 소비자가 원하는 A라는 외식업소가 있다고 가정해 보자. 당연히 이런 곳이라면 마케팅을 별도로 할 필요 없이 구전 광고만으로 대박집이 될 것이다. 이것이 바로 브랜딩이 된 곳이다.

최고의 맛을 내는 것은 여러 차례 설명했다. 그러면 프리미엄 가치인데, 이것을 어떻게 만들 것인가? 의외로 간단하다. 옷이 날개라고, 사람들이 왜 명품을 좋아하는가? 이유는 단 하나, 자신을 명품으로 둔갑시켜 주기 때문이다. 옷이 날개이듯 음식은 그릇이 날개 역할을 한다.

그릇은 키높이 구두를 신은 것같이 굽이 달려 약간 높은 그릇으로 최고급 도자기를 사용하는 것이 좋다. 그러면 그릇에 달린 날개가 음식의 위상을 높여 줄 것이다.

그렇게 고급스런 음식을 중저가에 팔아도 많은 이익을 거둘 수 있다면, 단박에 대박집 타이틀을 거머쥐게 될 것이다.

그러면 어떻게 해야 낮은 가격을 책정하고도 좋은 마진을 볼 수 있을까? 그것도 이미 앞에서 얘기했다. 작게 시작하면 된다. 그러면 운영비가 축소되어 가격 경쟁력은 물론 마진 또한 좋아 금세 사업 확장으로 이어질 수 있다.

원재료에 충실하고 양념은 단순하게

몽실식당의 메뉴가 많으니까 재료가 복잡할 것 같지만 기본 양념류와 주재료는 흑돼지고기 하나다. 기본양념도 최대한 단순화시켜 주재료의 맛을 살리는 데 주력한다. 이유는, 양념은 주재료의 맛을 살리는 역할을 하는 것이지 양념을 위해 주재료가 있는 것이 아니기 때문이다.

그러나 어떤 가게에서는 양념이 20~30가지 들어간다고 자랑한다. 그것은 양념을 뭉쳐 놓은 것이지 요리가 아니다. 모든 음식의 주재료는 맛과 향이 있다. 양념은 향이 진한 것은 잡아주거나 중화시켜 주고, 약한 것은 북돋아 주는 역할만 하면 된다.

옛날에 족발집으로 대박을 치고, 그 노하우를 여러 사람들에게 전수하여 그들도 맛집으로 대박을 이어가게 한 음식점이 있다. 그

족발집은 여느 족발집처럼 20여 가지씩 양념을 넣지 않고 꼭 필요한 것 5가지로 맛을 내 맛집이 되었다.

그러나 여느 집들은 많이 넣는 것을 경쟁하듯, 생소한 것들을 넣어서 이상한 맛을 만들고 퓨전 음식이라 우긴다. 그러나 이름도 모르는 여러 식재와 한약재를 마구잡이로 섞어 쓰는 것은 건강에도 문제가 될 듯싶다. 거기에 여러 가지를 쓰는 것은 단순하지 않아 대량 구매로 단가를 낮추기도 힘들 뿐만 아니라 관리가 힘들어 재료의 신선도를 장담할 수 없다.

다시 한 번 강조한다. 최소한의 식재로 승부하되 최고 상품과 최고의 신선도가 요리의 생명인 것을 명심하면 최고의 맛을 찾을 수 있다.

둥근상인의 생각 아이는 작게 나아 크게 키워라

가게도 마찬가지다. 많은 사람들이 남에게 보여주기 위한 가게를 오픈한다. 그러나 가게는 나의 역량에 맞아야 하고, 이익을 먹고 성장해야 한다. 아무리 좋은 명품 옷을 걸친다 해도 나에게 크면 나를 바보로 만든다.

정말 맛있고 특별한 음식 만드는 법

진짜 맛있는 음식을 만드는 방법은?

엄선된 주재료의 특성을 제대로 살려낸 것이다. 어떤 음식이든 주재료 선정의 우선순위가 가장 중요하다. 예를 들어 우리가 많이 먹는 김치찌개 전문점을 하려면 맛있는 김치를 담그는 것이 우선일 것이다.

중요한 주재료의 순서를 나열해 보자. 첫 번째가 신선하고 좋은 젓갈이고, 두 번째가 엄선된 태양초 고춧가루와 천일염이다. 그 다음에 필요한 것이 배추인데, 많은 사람들이 배추가 가장 중요하다고 생각하여 진짜로 중요한 재료를 무시하는 까닭에 맛있는 김치가 드문 것이다. 또 배추를 절일 때 소금의 품질이 아주 중요하고, 어떤 사람들은 24시간씩 절이기도 하는데 가장 적절한 시간은 7~8시간이다.

배추가 덜 절여지면 뻣뻣하고, 너무 많이 절여지면 아무리 좋은 배추라도 단맛과 구수한 맛이 빠져나가 배추 특유의 맛을 잃어버리기 십상이다. 그리고 그냥 맛있고 영양가 있게 먹으려면 3~4℃ 온도에서 3~6개월 안의 숙성지가 좋다. 김치찌개용은 1~2℃의 온도에서 최하 일 년은 묵혔다가 쓰는 것이 좋다. 이렇게 복잡한 것이 많은데 기본적인 김치찌개 레시피만 가지고 음식을 만드니 맛집이 될 수가 없는 것이다. 또 좋은 김치가 준비되었으면 찌개를 대량이든 소량이든 맛있게 끓이는 방법이 있다.

우선 김치에 돼지비계와 약간의 설탕과 재래식 집 된장을 넣고 김치가 적당히 무를 때까지 볶는 듯 끓여 놓는다. 그리고 무른 김치에 생돼지고기와 두부, 양파, 대파, 버섯을 넣고 끓이다가 다진 마늘을 넣고 후춧가루를 맨 나중에 살짝 뿌리면 진짜 맛있는 김치찌개가 완성된다.

불의 세기도 중요하고 물의 양도 중요하지만 그것은 일반적인 레시피를 참조하고, 진수를 찾는 방법만 말한 것이다. 그리고 항상 말하는 것이지만 맛있는 음식에는 적절한 간이 중요한데, 요즘 저염식을 강조하는 추세여서 간의 정도를 파악하지 못하고 무조건 싱겁게만 하다 보니 음식의 맛이 형편없어진다.

조림은 조금 짜야 하고, 찌개나 전골도 짭짤하여 자체만으로 밥을 먹을 수 있는 간이 되어야 한다. 그러나 국은 약간 싱겁게 해서 반찬을 곁들여야 밥을 먹을 수 있게 한다. 이렇게 천차만별인데도 전부 간을 동일하게 저염으로 하여 니맛도 내맛도 없는 음식을 만든다. 또 많은 사람들이 여름에는 조금 싱겁게 먹고, 겨울에는 조금 짜게 먹는 성향이 있다는 점을 알아야 한다.

또 비만인 사람들의 식습관은 조금 짜게 먹는 편이고, 젊고 술을 좋아하는 사람들은 상당히 짜고 맵게 먹으며, 50~60대부터는 지병이 있든 없든 관리 차원에서 아주 저염으로 먹는다는 것을 파악하고 요리에 임한다면, 누구나 맛있는 음식을 먹고 갈 수 있는 맛집을 만들 수 있을 것이다. 그러나 식당의 음식은 조금은 짜게 하는 편이 좋다. 뇌에 각인되려면 어느 정도는 자극성이 있어야 하기 때문이다. 기업들이 만드는 많은 인스턴트 음식이 짠 이유는 기억이 유지되어져야 재구매가 이루어지기 때문이다.

맛집의 음식은 짜고, 달고, 매운 맛이 강하다. 이걸 적절하게 잘 혼용해야 고객들에게 맛있는 음식을 제공할 수 있다. 짠맛은 단맛으로 중화시킨다. 단맛은 짜거나 신맛으로 중화시키고, 매운 맛도 단맛으로 잡는다.

동고상인 멘토링 **명품한우의 해장국**

참 열심히 사는 사장이다. 한때 짜장면집, 솥뚜껑 삼겹살집, 대형마트를 거쳐 부동산 투자로 부를 일군 성공한 사업가다. 그리고 우리 가게 옆에 와서 한우고깃집을 오픈했는데, 오픈하는 그해 구제역으로 오픈발을 못 받은 탓인지 아무리 좋은 고기로 최하의 가격을 받아도 원하는 만큼 성장하지 않는 가게를 보며 지쳐가고 있었다. 그러던 중 나와 매일 만나며 생각을 모으다 그전에 성공했던 솥뚜껑 삼겹살과 저가 해장국으로 승부를 걸어보기로 했다.

물론 양평에서 최고인 9,000원 하는 시내 모 해장국집보다 맛있게 한다는 조건으로 말이다. 다행히 어머님이 원래 양평 해장국 원조로 해장국에 조예가 깊으셔서 많은 도움을 받았다. 결과는 대박 중에 초대박이 났다. 하루 500그릇을 파는 기록을 세우고 체인점 문의를 받고 있으니 기여를 한 내가 성공한 것 같아 너무 행복하다.

주려면 몽땅 줘라

세상에는 맛집으로 줄 세우는 가게가 많다. 장사하는 사람으로서 그런 모습을 보면 엄청 부럽다. 그런데 안타까운 것은, 그런 집을 따라 하면 되는데 보고도 따라 하지 못하는 것이 문제다. 어디서부터 어떻게 해야 하는지 모르는 사람들을 위해 언급해 보겠다.

가벼운 마음으로 대박음식점을 분석해 보자.

대박음식점을 보면 보통집은 따라오지 못할 정도로 특별하거나 푸짐하고 맛도 좋다. 또 반찬 가짓수가 10개 이상인 국밥집도 있다. 우리나라 사람들은 푸짐한 것에 대한 만족도가 높은 점에 착안한 것이다. 다 먹지 못해도 푸짐하면 인심도 후하고 저렴하다는 좋은 느낌을 갖는다.

그러기에 기왕이면 푸짐하게 깔아 놓길 권한다. 그러나 많은 사람들이 옛날에 재료비와 인건비며 운영비가 적었던 때, 팔면 다 남던 호랑이 담배 먹던 시절의 추억으로 '식당 장사 반은 남아야 된다'고 생각하며, 최소 30퍼센트는 남기려고 하니 답이 없는 것이다.

그러나 그런 시절은 다시는 안 온다. 한마디로 옛날이야기다. 세상이 그만큼 맑아지고 정보화시대가 되었기 때문이다. 그러나 아직까지 이 생각을 깨지 못한 많은 상인들이 계속 무너지고 있다. 그들은 공격적이고 선제적인 방법을 못 쓰고 남을 흉내내는 것에 그치기 때문에 비용은 비용대로 깨지고 고객은 알아주지 않으므로 결국 망한다. 자신이 왜 망하는지도 파악하지 못한 이들을 보고 '이슬비에 옷 젖는지 모르는 인사'라고 말한다. 한마디로 안타깝다.

새로 오픈할 때 확실하게 줘야 한다. 처음부터 과감하게 퍼주면 고객의 반응도 빨라 바로 흑자경영이 될 수 있다. 처음 시작할 때 식재비 60퍼센트, 인건비 25퍼센트, 운영비 15퍼센트로 최하 6개월만 버티면 매출이 오르고 운영의 묘를 터득하게 되어 다음 달부터 음식의 질은 떨어뜨리지 않고 식재비를 50퍼센트로 낮출 수 있다. 인건비와 운영비에서도 약 10퍼센트 정도 절감할 수 있어 손익분기점에 도달할 수 있고, 1년 안에 대박식당에 등록할 수 있다.

그러나 예외가 있다. 혹여 이상기온이나 혹한기에 접어들면 식재비가 다시 60퍼센트대로 올라갈 수 있다. 그럴 때 감내하지 못하면 '장사가 되니까 마음이 변했다'고 하며 고객들은 외면하고 만다.

'다 좋은데 가게 규모가 작아 반찬 10가지는커녕 5가지를 놓을 공간도 없다'고 푸념하는 사람들은 더 좋은 조건이다.

그들은 가게가 작아 운영비나 인건비 비율이 다 합쳐도 15퍼센트를 안 넘는 경우가 많다. 그럴 경우 본재료 비용을 70퍼센트까지 끌어올려 장사를 시작하라! 무조건 대박식당이 된다.

몽실식당은 뭐가 다른가?

몽실식당은 상품과 시스템의 차별화로 브랜드의 가치를 높여 명실상부 명품 브랜드를 만드는 일을 계속하며 최고를 지향한다.

①도래창을 개발하여 단독 메뉴를 갖고 있다.

②흑돼지 스테이크는 대한민국에서 1.2퍼센트밖에 안 되는 귀한 육보흑돈(주둥이, 4족, 꼬리)으로 하얀 것이 특색이다. 리놀산의 함량이 풍부하여 지방 융점이 낮고 철분 함량이 많아 선홍색을 띠고 있으며 식감 또한 우수한 고기다.

③재래식 된장으로 만든 된장찌개와 불고기 냉면은 고깃집에서 성공한 점심 특선으로 대단한 인기가 있다.

④인테리어: 작은 공간이지만 주방은 최대한 크게 하고 오픈 형식으로 꾸며 조리과정을 보여줌으로써 직원들이 자발적으로 청결

을 유지하도록 하여 신뢰와 만족을 추구했다. 또한 좌식과 입식을 반반으로 꾸며 어린이나 어른을 모시고 온 고객이나 단체 손님의 편리성을 고려했다.

⑤시스템: 다른 고깃집의 영업시간은 밤 10시면 끝난다. 늦게 저녁을 먹는 고객의 편리를 생각해 12시까지 연장 영업을 하고 있다.

⑥테이크아웃 매장에서 판매하는 된장, 고들빼기, 갈치속젓과 양념 불고기는 가게에서 쓰는 반찬값을 절반 이상 줄이는 효과가 있어 넉넉한 상차림을 가능하게 했다.

⑦버려지는 파뿌리, 양파껍질, 무껍질 등은 육수를 끓이는 데 재활용하여 식재료 비용을 줄이는 효과를 보는 동시에 직원들의 절약정신을 함양하였다.

⑧음식에 대한 설명부터 먹는 방법까지 상세하게 설명하여 친절하다는 평을 듣는다.

⑨요리하는 장면을 직접 보여주고 조리 시 토치로 화염을 방사하는 장면을 노출시켜 한 번 더 시선을 끄는 효과 덕에 조리방법만

TV에 두 번 방영되고 소비자들에게 각인시키는 효과를 얻었다

⑩ 재료는 최고의 것, 신선한 것만 엄선하여 음식의 퀼리티를 높였다.

⑪ 직원들의 복지에 신경을 쓰고 임금 또한 동종업계 최고로 유지함으로써 직원들이 자기 일처럼 일하게 했다.

⑫ 사물함을 겸한 의자를 사용하여 고객들이 겉옷을 벗어 두거나 가방 및 귀중품을 보관하게 했다.

⑬ 고객들이 환경 호르몬에 노출되는 것을 막기 위해 한지로 만든 종이호일을 사용한 지가 4년이 넘었다.

⑭ 두툼한 생고기는 구워도 부피가 줄어들지 않지만, 이를 잘 모르는 고객들은 냉동고기보다 양이 적어 보인다고 느끼면서도 그냥 먹는다. 고객의 찜찜해 하는 마음을 읽고 손이 가장 잘 닿는 곳에 양심저울을 설치하자 고객들이 엄청 좋아하고 그 앞에서 사진을 찍고 SNS에 올리기도 한다.

⑮ 고기 굽는 불판 하나까지 차별화하고 고기의 맛을 생각하여,

업주의 편함보다 고객 입장에서 최고
의 상품을 택했다.

⑯ 작은 배려이지만, 여자화장실에
여성용품과 비데를 설치해서 여성고객
들을 생각한다는 평을 받았다.

⑰ 대표의 가치관이 담겨 있는 글을
부착하여 고객들과 소통하며 스토리마
케팅 효과까지 두 마리 토끼를 잡는다.

⑱ 가장 중요한 차별화는, 주인인 내

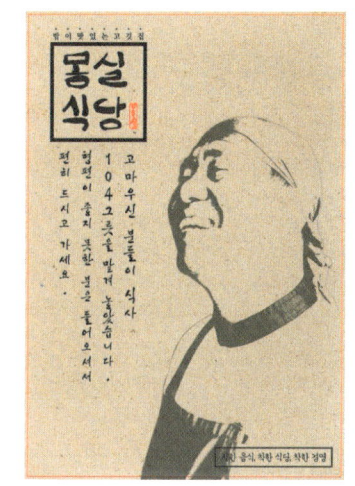

가 타 업종의 사장들과 다르다는 것이다. 나는 양평 최고의 맛집
을 유지하기 위하여 최소 한 달에 3번은 타 식당 벤치마킹을 하고
있다.

⑲ 자기개발을 위하여 독서와 인문학 강좌를 듣고 다시 코칭이
나 컨설팅을 통해 이웃에게 도움을 주고 있으며 강연 활동도 하고
있다.

⑳ 서스펜디드 운동으로 배고픈 이들에게 이미 2,000그릇을 제
공했고, 유니세프를 통해 매달 고정으로 매출의 0.5퍼센트를 기부
하고 있다.

이것이 비록 규모는 비교할 수 없지만, 애플의 스티브 잡스나 삼
성그룹의 이건희 회장처럼, 김동운의 몽실식당을 그 누구도 따라
할 수 없게 만들기 위한 차별화 정책이다.

약 30평 규모의 음식점으로 해신탕과 물회를 전문으로 하는 식당이다. 지역의 식당으로 장안대 외식 프랜차이즈 달인 과정을 같이 공부하며 친해진 이당주 대표를 소개하고 싶다.

이 대표는 실로 식당사업은 몇 년 안 된, 외식업계에서는 햇병아리 같은 사람이다. 이 대표는 진솔하고 착한 사람으로 장사꾼으로는 보기 드문 성품의 소유자다. 그리고 남에게 가르쳐주는 것을 실천하려고 많은 노력을 기울이는 스타일이다.

이런 이 사장이 마음에 들어 수시로 들려서 좋은 책과 강의를 권해 공부할 수 있게 정보를 주었다. 그 결과 작년보다 30퍼센트 이상 급성장을 하는 '힘찬낙지'를 보면 가슴이 뿌듯해지며, 더 많은 정보를 주고 싶은 마음이다. 분명 경쟁업소인데 말이다.

꼬리가 몸통을 흔든다

2015년 12월 10일 양재동 AT센터에서 주관한, 김난도 교수의 '2016년의 트렌드 코리아' 강의를 들었다. 새로운 트렌드 중 "꼬리가 몸통을 흔든다"라는 대목에서 콱 꽂혔다. 한마디로 '과연 그럴 것이다'라고 공감되었기 때문이다. 그때까지의 생각은 '고깃집은 고기만 맛있으면 된다'는 것이었는데, 이왕이면 다홍치마라고 맛있는 반찬이 많으면 고객들은 더 좋아할 것 아닌가!

나는 그 교육을 듣고 바로 우리 몽실에 시도했다.

기존의 5가지 반찬에서 12찬으로 늘리고, 맛이나 모양도 더 신경을 써서 고급스럽다고 느끼도록 업그레이드시켜 보았다. 역시 예상은 들어맞았다. 고객들의 폭발적인 지지와 더불어 20퍼센트 이상 매출 상승으로 이어지고 계속 성장을 보장받고 있다.

그러던 중 김유진 음식 칼럼리스트의 강의를 들었다. 그의 '환산 가능한 기본 서비스와 반찬에 가격표를 붙이라'는 말을 듣고 바로 실천하여 고객들에게 반찬의 가치도 인정받고 테이크아웃 판매도 더 활성화되었다. 특히 김유진 강사의 강의에서 전략적인 음식점

경영의 노하우를 깊게 받아들였다.

또『구글의 아침은 자유가 시작된다』라는 라즐로 복(구글의 인사 책임자)의 책 내용 가운데 중국집에서 서비스로 주는 만두를 주목했다. 고객은 만두가 맛이 없어 먹지 않을 때도 있고 반만 먹다가 버리기까지 하지만, 그 만두를 안 줬을 경우에는 엄청 화를 낸다는 사실을 알았다.

한마디로 당연히 받아야 한다고 생각한 서비스가 따라오지 않으면 손해 본다고 생각하는데, 그것은 서비스도 자신이 치룬 상품 값의 일부라고 생각하기 때문이란다. 나는 100퍼센트 공감했다. 그리고 한 발 더 나아가 있어도 그만, 없으면 손해 보는 느낌의 서비스 요리를 업그레이드시켜 본 요리만큼, 아니 본 요리보다 더 맛있게 만들면 대박일 것이라는 생각을 했다. 결과는? 서비스로 제공하는 기본 반찬을 업그레이드시켜 맛과 질, 눈의 행복까지 추구한 고급음식으로 만들어 고객들의 호응을 얻었다.

종로 상인의 생각 지혜로운 사람에게는 불경기가 없다

지혜로운 사람은 자신을 알고, 지금 무엇이 가장 중요한지를 알아 그것을 바로 실천에 옮기는 사람이기 때문이다.

음식은 추억이고 생명이다

긴 세월 동안 식당을 운영하고 국내외 여행과 벤치마킹을 다니는 덕에 나름 맛난 음식을 많이 먹어 보았다. 하지만 옛날에 맛있게 먹었던 그 추억의 음식은 어디에서도 찾을 수 없기에 다시 먹어 볼 수 없다. 그 음식들이 맛있게 기억되는 이유는, 음식 자체가 별나거나 특별해서라기보다 그때는 먹을 것이 귀하고 당연히 뭘 먹어도 맛있던 시절이었기 때문이다. 그리고 추억이 함께하기 때문이다. 맛나게 먹었고 지금까지 기억 속에 생생하게 살아 있는 음식이 몇 가지 있다.

가장 맛있게 먹은 것은, 내가 처음 장사를 하기 위해 사업자등록증을 내고 시작한 5평짜리 가게가 너무 작아 주방 쪽으로 지하 창고를 만들기 위해 삽과 괭이만 가지고 가로×세로 약 2미터, 깊이 1.5미터 땅을 파다가 먹은 음식이다.

당시 난 점심으로 순댓국과 약주술을 먹었는데, 40년 가까이 되는 지금도 생각나 입안에 침이 고이게 만든다. 그때 그 기억 때문에 순대국집을 많이 찾아가보곤 하지만 그 맛은 찾을 길이 없다.

그리고 돌아가신 부모님과 어렸을 때 곁들인 추억의 음식이 있다. 초등학교 4학년 호빵이 출시된 지 얼마 안 되었을 때 아버지가 길에서 사주신 그 호빵 덕분에 지금도 겨울이 되면 호빵을 즐겨 먹는다. 또 우리가 어렸을 때는 콩나물 5원어치면 식구들이 한 끼를 먹었고, 돼지고기를 50원어치도 팔았던 시절이었다. 어머니는 돼지고기를 아버지의 김치찌개에만 넣어 끓여 드렸는데, 약주를 위낙 좋아하시던 아버지가 술을 드시면 배가 불러 못 먹은 김치찌개가 남았다. 이틀 정도 지난 약간 맛이 간 찌개에 소다를 풀어 다시 끓이면 그것은 4남매 중 장남인 내 차지가 되었다. 그 맛이 간 찌개를 한 숟가락이라도 얻어먹으려고 누님과 누이동생, 그리고 막내까지 눈치를 봤지만 어림없는 일이었고, 그 맛 또한 잊을 수 없다.

그리고, 우리가 어렸을 때는 쌀이 귀했던 시절이다. 도시락은커녕 밥을 굶고 학교에 오는 애들이 꽤 있을 때니 말이다. 그랬기에 밥을 소중히 여길 수밖에 없었다. 밥을 먹는데 반찬투정이나 지저분하게 먹다 남겨 식구들이 먹을 수 없게 만들면 심하게 야단맞기에 결코 함부로 할 수 없었다.

한 번은 누님이 설거지를 하면서 남긴 밥을 버리다 들킨 적이 있는데, 부모님께서는 엄청 혼내면서 당신들 세대에는 굶기를 밥 먹듯 하였고, 먹을 것이 없어 굶어죽는 사람도 있었으며, 소나무 껍질을 벗겨 먹고 왕겨를 쪄 먹었던 시절 얘기를 해 주시며, 밥은 생명이라며 소중함을 늘 일깨워 주었다.

그런 내 마음을 아프게 하는 사실이 있다. 그것은 손님이 남긴 음식은 아무리 깨끗해도 버려야 한다는 것이다. 나름 버리는 것을 조금이나마 줄여 보려고 1인분 판매와 반찬은 먹을 만큼만 덜어 갈 수 있도록 셀프 시스템을 만들어 놓고, 가능하면 남기지 않도록 부탁하지만 음식물 쓰레기는 줄지 않으니 어떻게 하면 좋을지 답이 없는 실정이다.

다 아는 얘기지만 아프리카를 비롯한 지구촌 곳곳의 많은 사람들이 굶주림으로 죽어 가고 있는데, 그 수가 하루 평균 10만 명이나 된다고 하니 얼마나 끔찍한 일인가. 그런데 한쪽에서는 음식이 남아 쓰레기 처리 비용으로 엄청난 돈을 쓰고 있으니 아이러니가 아닐 수 없다. 특히 우리가 먹는 한 끼 외식비가 굶주리는 사람들의 한 달치 식량을 살 수 있는 돈이라는 사실과, 버려지는 음식물과 처리 비용을 합치면 굶어 죽는 사람이 없어진다는 사실을 생각해 '나눔'의 의미와 방법을 한 번쯤 생각해 봐야 할 것이다.

동운상인 멘토링   중국요리 전문점

가게의 규모와 인테리어가 전형적인 중화요리 전문점이었다. 경기가 좋고 특별히 먹을 것이 없을 때는 대박을 치며 매우 많은 돈을 번 가게였다. 그러나 지금은 트렌드의 변화로 애물단지가 되자 연락이 왔다. 가서 음식 맛을 보니 중화요리 전문점으로서 손색이 없었다. 그러나 웰빙과 다이어트를 중히 여기고, 대식가들은 뷔페로 빠져나가는 추세라 시급한 변화가 필요했고, 스토리가 없는 것이 단점이었다.

또 요리의 숫자가 많아서 직원과 자재가 많이 필요하여 장사는 어느 정도 되지만 수익이 발생하지 않아 힘든 상태로, 가게를 내놔도 너무 커서 쉽게 매매가 되지 않는 골치 아픈 가게였다. 한마디로 망해 가는 가게였다. 마음같아선 모든 것을 포기하고 던져 버리라고 말하고 싶었지만, 나름의 사정이 있는 것을 알기에 작은 곳부터 수술에 들어가기로 했다.

우선 오너 셰프로 음식 솜씨가 좋은 것을 살리고 스토리를 만들어 외부 고객을 끌어들이기로 작전을 짰다. 그래서 짜장면 한 가지를 타깃으로 세우고 대한민국에서 가장 맛있는 짜장면집을 만들기 위해 부부가 짜장면 여행을 하기로 했다. 국내의 내로라하는 중국집을 방문하여 그 집의 음식과 비교해 보고 좋은 점을 찾아 배우는 여행 일지를 써서 공개하는 SNS 마케팅을 시도하였다. 정말로 대한민국에서 가장 맛있는 짜장면집을 만드는 과정을 스토리화한 마케팅을 시작한 것이다. 과연 어찌될까, 자못 궁금하다.

음식 텃새를 아시나요?

몽실식당을 벤치마킹하고 간 사람을 숫자로 헤아리면 최하 500명은 넘을 것이다. 그 가운데 기술전수나 체인점을 문의한 사람만도 70~80명은 되는 것 같다.

벤치마킹과 기술전수의 좋은 예다. 문제는 자신이 장사하고자 하는 지역에서 우리 도래창이 먹히느냐다. 사람들은 특별한 요리라면 어디서나 된다고 생각하는데 그것은 천만의 말씀이다. 그러기에 나는 체인사업을 철저히 거부해온 사람이기도 하다. 왜 그럴까?

거기에는 실제경험을 통해 얻은 특별한 깨달음이 있다. 나는 몽실식당을 하기 전 경기도 하남시 덕풍시장 입구에서 '한맛&인삼한약 막걸리'라는 상호로 약 5년간 초대박 장사를 했다. 그 브랜드와 메뉴를 8년 전에 그대로 지금의 양평 몽실식당 자리로 옮겨왔다. 하남에서는 하루 종일 손님을 줄 세우면서 장사하는 것도 부족하여 영업 종료시간인 밤 12시에 한 번도 제 시간에 끝내보질 못했다. 보통 새벽 1~2시, 늦으면 새벽 3시가 넘어서 끝났다. 정말로 손님들이 많았다. 영업 종료시간이 되어도 좌석에 있는 손님이 먹을 동안만 먹겠다고 자리 잡는 손님들 때문에 매일같이 진땀을 빼야 했다.

그런데 웬일이란 말인가? 양평에서는 손님이 전혀 들지 않는 게 아닌가. 하남에 비하면 20~30퍼센트도 안 되니 기가 막힐 노릇이었다. 그래도 처음엔 알려지지 않았기 때문에 그럴 것이라고 여기고 현수막 광고며 전단지며 쿠폰에 선물공세까지 하며 가게를 알려 봤지만 속수무책으로 1년이 후딱 지나갔다. 혹시나 하는 마음에 미련을 버리지 못하고 버티다 3년째 접어들면서, 거리는 멀리 떨어지지 않았지만 하남과 양평의 음식문화가 많이 다르다는 사실을 깨달았다.

하남은 공장도 많고 서울·광주도 가까워 도시형 근로자들과 생계형 소상공인, 건축 일을 하는 근로자들이 많은 곳이다. 등갈비, 닭발, 돼지껍데기, 막걸리가 잘 먹히는 곳이다. 반면 양평은 공장 하나 없는 청정도시로 돈을 쓸 수 있는 사람들은 공무원과 학교 선생님, 직업군인이 전부다. 나름 체면을 중시하는 고객층이라 막걸리 같은 음식 스타일은 안 맞았기에 손님이 없었던 것이다.

이것을 알고 주변 상권을 둘러보니, 별로 특별하지도 않은 고깃집들이 불황을 모르는 게 아닌가? 나는 양평의 어느 집보다도 저렴하고 좋은 고기로 승부를 보기로 하고 바로 인테리어 업자를 불러 시설을 변경하고 상호도 몽실식당으로 바꿨다. 그리고 그때부터 고기가 맛있는 집을 찾아 100곳을 넘게 벤치마킹을 다녔다.

그렇게 제주도까지 남한 일대의 고기 맛집은 안 가본 곳이 없을 정도로 다녔다. 결국 고기의 유통 포인트를 찾아내는 데 성공하여 지금의 몽실을 만들었다.

그 후 TV 먹방에만 20회 넘게 출연하여 양평 최고의 맛집이 되었다. 이처럼 특별한 음식이라고 어디서나 다 잘된다 생각하면 큰 어려움을 겪게 된다. 어느 지역에서나 잘 먹히는 주류나 메뉴가 따로 존재하고, 잘되는 맛집이 따로 있다. 이는 그 지방만의 먹을거리 문화이기에 어떤 새로운 음식이 자리 잡으려면 10년은 족히 걸린다. 반드시 그 지방 음식을 익혀 최고로 만든 다음 킬러상품으로 내세우고, 더불어 나만의 것을 베이스로 깔고 가야 한다.

그러면 100전 100승이라 감히 말할 수 있다. 다시 한 번 말하지만 남의 동네에 처음 들어가면 사람이 텃세를 부리는 것보다 음식 텃세가 더 심하다는 점을 알았으면 한다. 그 동네에서 살아남으려면 가장 잘 나가는 놈과 친구가 되어야 한다. 도래창 전문인 몽실식당이 흑돼지 스테이크와 친구가 되듯 말이다.

어떻게 파느냐가 중요하다

참 다양한 판매 방식이 있다. 똑같은 음식이지만 어느 집은 잘되고 다른 집은 안 된다. 왜 그럴까?

그것은 사람의 특성을 잘 이해하지 못하고 있기 때문이다. 사람이 지구에서 최고 으뜸가는, 만물의 영장이 된 것은 생존본능의 특성으로 인한 결과이다. 사람은 살아남고 종족을 보존하기 위해 절대 손해되는 일을 하지 않는다고 한다. 다만 예외인 경우가 있는데, 자신의 생명을 포기하는 헌신적인 행위를 하는 경우는 자신의 가치와 상응하는 분명한 명분이 있을 때 용납된다.

그러면 대중을 상대하는 우리가 어떻게 해야 하는지, 답은 간단하다. 소비자에게 이익을 주면 된다. 이익을 절반씩 공유하는 것도 있고, 자신의 인프라나 지식 공유로 소비자의 이익을 보전해 주는 방법도 있을 것이다. 여하튼 소비자 입장에서 이익이 된다는 것을 느끼도록 할 수 있는 사람들이 성공할 수밖에 없다. 우리는 그들이 하는 방법을 모른다. 그러나 잘 관찰하고 따라하는 것부터 시작하여 천천히 내 생각을 접목시켜 나만의 것을 만들어 보자.

　김치찌개나 청국장찌개, 순두부찌개, 된장찌개만 갖고 줄 세우는 가게들이 많다. 그렇다. 무엇인가는 중요하지 않다. 내가 취급하고 있는 상품이 지역의 특성과 맞는지, 지역민의 취향에 부합하는지, 그 상품으로 지역의 여느 집보다 더 많은 이익을 줄 수 있는지를 먼저 확인해 보자. 소비자들은 자신이 원하는 것과 이익이 있을 때만 나의 가게를 이용한다. 그렇지 않으면 친척이나 친구도 한두 번 방문 인사로 끝낸다. 그리고 모든 면에서 최고를 만들어라. 음식, 그릇, 서비스, 가격, 인테리어까지! 그리고 기다리면 된다.

좋은상인 멘토링　백운 정육식당

20평이 조금 넘는 작은 정육식당이다. 그러나 시장 안 먹자골목에 위치하고 있어 기본은 하지만 내·외부가 지저분해 젊은 사람들은 조금은 꺼리는 가게였다. 그런 부분을 고치도록 조언하고, 잘 아는 업자도 소개해 주었다. 정육식당을 카페 풍의 이탈리안 레스토랑으로 변신시키자 단박에 사람들이 줄서는 가게가 되어 매출이 3배가 넘게 올라가는 기적이 일어났다. 바로 그해에 인테리어에 들어간 비용은 다 회수되고, 월 1,000만 원 이상 소득을 발생시키는, 작지만 강한 가게가 되어 항상 힘들어 하던 부부의 얼굴이 활짝 펴졌다.

장사 오픈

전략 1 **장사 프로세스**

생계형 창업이 살길이다

단군 이래 인구가 가장 많은 시기다. 그리고 그들은 집에서 삼시세끼 밥을 다 먹는 사람들이 드물 정도로 외식 문화가 보편화되었다. 전업주부까지 포함해서 말이다. 그런데 그 반대로 외식업계는 최고의 불황을 맞고 있다. 열에 일곱은 망하고, 나머지 셋 중에서도 성공한 기업은 하나에 불과하고, 둘은 그냥 밥만 먹고 사는 정도니 불황이 아니라고 말할 수 없다. 수요가 넘치는 외식시장이 불황의 터널에서 빠져 나가려면 어떻게 해야 할까? 답은 하나다. 현실직시다.

지금의 트렌드와 소비자의 니즈를 파악하고 그들의 욕구에 부응하는 사람만 살아남는다.

지난 천 년의 발전이 지난 백 년의 발전만 못하고, 지난 백 년이 지난 십 년만 못하며, 지난 십 년이 지난 일 년의 발전 속도를 못 쫓아갈 정도로 빠르게 변하고 있는 실정이고, 스마트폰 하나면 세상의 모든 정보를 한눈에 볼 수 있는 시대다. 점점 경쟁이 치열해져 정말 싸고 맛있으며 럭셔리 한 집만 잘되게 되어 있다.

그 조건에 맞출 수 있으려면 물류시스템을 갖추고 있는 기업이나, 아니면 모든 비용을 절감해 고객에게 재투자가 가능한 전문 단품의 생계형 부부 창업뿐 대안이 없다. 3년 전에 일본에서 시장조사를 했는데 거의 1~2인이 단품으로 운영하는 전문점이 60퍼센트 이상이었다.

나는 1979년부터 신촌 연대 앞에서 해장국집을 시작했는데, 답십리 국제택시회사 앞에서와 성남공설운동장 앞에서 해장국집을 해 대박을 친 것도 단품으로 혼자 영업을 했기에 가능했다. 물론 다른 집보다 소뼈를 두 배 이상 넣고 국물을 낸 같은 가격에 더 구수한 진국의 해장국을 대접한 결과이기도 하다. 아재비 떡도 싸야 먹는다는 진리의 마케팅은 세월이 가도 계속되리라 생각한다.

효율적 경영이 필요하다

같은 일을 하지만 좀 더 이익을 많이 내는 방법을 찾아야 한다. 우리 몽실은 효율 경영을 위해 중요한 원자재는 모두 산지 직송으로 중간 마진 없이 착한 가격에 사입을 한다. 주재료인 흑돼지의 경우, 정말 맛있는 고기를 발견해 직거래를 요청했으나 가게 평수를 물어보더니 제삼자인 위탁 판매업자를 소개해 주었다. 문제는 가격만 비싼 것이 아니라 흑돼지가 아닌 다른 종자의 고기를 섞어 납품하는 것이 더 큰 문제였다. 나는 직거래를 위해 남원에 있는 농장을 3번이나 찾아가 수락을 얻어냈다.

그 결과 최고의 맛을 갖춘 육보 흑돈을 저가에 공급받을 수 있게 되었다. 또 일반 식자재는 일주일에 2번 가락동에 있는 농수산물 유통센터에서 구매한다. 덕분에 동네시장이나 마트보다 20~30퍼센트 싸고 신선한 재료를 구매할 수 있어 그만큼 효율성이 높다. 그리고 파뿌리, 양파껍질과 무껍질까지 육수를 뽑는 데 쓰니 식자재에서 나오는 쓰레기는 거의 없다. 그뿐인가! 직원들에게 무언의 절약정신을 심어 주고, 그렇게 절약된 돈을 직원에게 환원해 주니, 음식 맛보다 서비스가 더 좋은 집이라는 칭찬을 받게 되어 일거다득이다. 나는 이것이 효율적 운영이라고 생각한다.

젊은 상인 멘토링 동네 미용실 오다헤어

나는 먹을 때 외에 유독 이발할 때 최고의 대접을 받고 싶어 한다. 그래서 마음에 드는 미용실을 발견하면 커트비와 동일한 후한 팁을 주고 나온다. 그렇게 한두 번 주고 나오면 서비스가 달라지는 곳도 있고 별로 변하지 않는 곳도 있는데, 변하지 않는 곳은 아무리 커트를 잘해도 발길을 끊고 새로운 곳을 찾는다. 그러다 가게 근처에 있는 오다헤어를 발견하여 단골이 되었다.

어느 날 오너와 직원에게 나한테 하듯 모든 고객에게 서비스를 해 보라고 조언을 해 줬다. 인사도 반갑게 하고 좀 더 정성을 들이는 모습을 고객들이 느끼게 해 보라고. 그렇게 서너 달이 지나고 커트를 하러 갔는데 손님이 밀려 있는 것이 아닌가?

역시 모든 사람은 특별한 대접 받기를 원하고, 스스로 만족하면 자발적인 광고를 한다는 사실이 입증된 사례다.

덕분에 린스와 샴푸, 헤어오일을 선물 받고 매번 커트할 때 특별한 서비스를 받게 되었다. 그리고 손님이 많아진 헤어숍은 예약을 해야 커트를 할 수 있는 곳으로 명소가 되어 커트비용을 30퍼센트 올려 받고 있으니 누이 좋고 매부 좋은 일 아닌가?

브랜드를 브랜딩하자

브랜드는 소비자의 욕구에 만족을 주고, 소비자의 문제를 해결해 줄 때 소비자의 정서에 긍정적 요소로 각인된다. 이것이 지속되면 신뢰가 생기고, 그 신뢰는 재구매로 이어져 브랜드의 가치가 형성된다. 그러나 한 발 더 나아가 자신의 믿음을 공유하려는 무리가 형성되는 것이 브랜딩이다. 그것은 파급 효과가 커서 큰 매출로 이어진다. 친구에 대한 믿음이 브랜드로 이어지기 때문이다. 특히 우리 외식업에서는 흔한 일이다.

맛집을 발견하면 제일 먼저 생각나는 사람이 가족이다. 그 다음 친구나 사업 파트너, 직장동료로 이어진다. 한마디로 재구매도 쉽고 브랜딩하는 데 특별한 어려움이 없다. 그러나 그것을 만들려면 차별화만 갖고는 힘들다. 기본적으로 맛있어야 하고 럭셔리한 품위를 갖추고 다양한 고객의 입맛에 맞는 대중성과 고객이 인정할 수 있는 가격까지 갖추면 바로 명품의 브랜딩이 된다. 우리 몽실의 매출이 계속해서 매년 20퍼센트 이상 오르는 이유는 단골 고객수가 계속 늘어나고 그들이 자발적 홍보대사를 겸하고 있기 때문이다. 어떤 손님은 명함을 통째로 가져가려 해서 제지시키는 해프닝이 일어날 때도 있으니 얼마나 행복한 일인가? 나는 이것이 브랜드의 브랜딩이라고 생각한다.

둥근상인의 생각　감사하는 마음

> 감사하는 마음만큼 사람들의 마음을 얻는 방법이 또 있을까? 나는 밉거나 마음에 안 드는 사람에게 감사를 표한다. 마음속 말로 감사합니다, 사랑합니다를 그 사람이 눈에 띨 때마다 수없이 반복한다. 그러면 마법 같은 일이 일어나는데, 어느덧 그 사람과 친해진 나를 발견하게 된다.

양평 브랜딩하기

양평! 타 지역 사람들이 부러워하는 곳이다. 누군가는 이렇게 양평을 표현했다. '천당 위에 분당, 분당 위에 양평'이라고 말이다. 서울에서 20~30분 거리로 교통이 편리하고, 천혜의 자연조건을 갖추어 전국에서 사람이 살기에 최고로 좋고, 큰 일꾼이 많이 날 수 있는 풍수를 지닌 곳이다. 양평은 2천만이 넘는 수도권 인구에 포위된 도시로, 특히 관광객이 많은 강원도로 진입하는 길목에 위치해 있다.

그러나 상수원 보호구역과 군사 보호지역으로, 많은 곳이 개발 제한 구역으로 묶여 있다. 대기업을 유치할 수 없고, 변변한 공장이나 대학교 하나 없어 젊은이들이 발붙일 곳이 없고, 먹고 살기 힘든 곳이 되어 유달리 제정 자립도가 낮은 곳이다. 그러나 다시 보면 많은 제약 조건 때문에 양평은 친환경 도시가 되었고, 그 덕에 예술인들이 많이 사는 거대한 친환경 예술인촌이 되었다. 이것은 힐링을 겸한 친환경 재래시장을 만들 수 있는 최고의 조건이다.

(1) 양평시장

지금 양평읍에서 3일, 8일에 열리는 5일장과 토요 주말장을 하나로 합쳐 다른 시장에 다니는 사람들을 유치하여 상설시장을 만들고, 철길 아래 주차공간을 이용하여 리버마켓, 예술인들의 전시공간과 청년몰을 만들어 청년들에게 창업의 기회를 주자. 또 그곳의 일부를 양평에 거주하는 상인들의 떨이장터와 할머니 장터로 만들고 상시 공연을 한다면 대한민국에서 하나뿐인 가장 크고 멋진 복고풍의 재래시장이 탄생할 것이다.

그러나 시장 상인들 대부분이 외지인들이라 내지인들은 별 볼일 없을 것이라고 생각하는 사람들도 있을 것이다. 그것은 착각이다. 사람이 많이 모이면 '발바닥의 먼지라도 떨어뜨리고 가는 것'이 인지상정이라, 지금보다는 경기가 좋아질 것이다.

상상을 현실화시켜 보자. 옛날부터 금강산도 식후경이라고 했다. 의외로 양평의 음식점들이 경쟁력이 있다. 먹자골목을 특성화시키는 것이 우선이다. 시장 1길은 한국음식, 2길은 중국음식, 3길은 유럽음식, 4길은 일본음식, 이런 식으로 시장을 키워 나가면 나중에는 골라먹는 재미가 있는 세계 먹거리 시장으로 브랜딩 되어 엄청난 먹자 시장을 형성할 수 있게 된다. 서울 근교의 엄청나게 많은 인구가 남한강변에서 드라이브와 함께 힐링을 하고 맛있는 식사를 위해 양평에 몰려들게 만드는 것이다.

오늘은 한식, 내일은 일식, 모레는 서양식, 글피는 중식 또는 태국음식·베트남음식 등등, 그리고 재래시장에서 가벼운 쇼핑을 즐기게 하면 그때는 게임 끝이다.

그러나 사전에 많은 준비가 필요한 사업이다. 재래시장을 키우는 것은 어렵지 않다. 시장을 키우기 위해서는 초대형 주차 타워가 필요하다. 처음부터 크게 시작하면 검증이 안 된 사업에 막대한 비용이 든다. 계속 증축할 수 있도록 기초를 튼튼히 하되 1, 2층만 시공한다.

시장 상인회에 교육과 컨설팅을 해주는 인프라를 구축하여 업종 변경을 희망하는 상인들을 물심양면으로 지원하고, 그들을 성공시킬 수 있을 때 양평만의 특별한 시장을 만들 수 있다.

또 떠드렁섬과 갈산공원을 개발하여 관광과 휴식이 있는 재래시장을 만들면 세계 최고의 시장도 꿈만은 아니다.

(2) 용문시장

용문산의 관광단지와 연결한 특화된 시장이 필요하다. 안동 간고등어와 영광 굴비는 그 지방에서 생산되는 상품이 아님에도 가공만으로 그 지역 특산품이 되었다. 영광 하면 굴비요, 안동 하면 간고등어로 유명하지 않은가? 이는 특별한 상품이 없는 양평도 친환경 브랜드와 접목시켜 특화된 상품을 만들 수 있는 실세 사례이다.

용문은 해마다 산나물 축제를 해본 경험이 있다. 이를 바탕으로 산나물과 약초를 중심으로 5일장과 병합된 매일 시장을 만들어 전국에서 최고로 큰 산나물과 약초 축제장을 만들 수 있다. 또 브랜드 활성화를 위해 장인들로 구성된 검증단을 만들어 양평군 인증마크와 함께 상품의 정확한 등급을 매기는 일이 중요하다. 매일 엄청나게 많은 인파가 용문산 관광 겸 등산을 오고 있다. 그 사람들은 누구보다도 건강을 중요하게 생각하는 부류로, 이들은 최고의 고객이자 홍보대사가 될 것이다. 검증단의 철저한 실사를 통해 신용만 확보되면 대한민국 최고의 산나물과 약초 시장을 만들 수 있다.

(3) 양수리를 낚시용품 시장으로 특성화시키자

남한강과 샛강, 개울을 천연 낚시터로 만들고 양수리 연밭을 이용한 대규모 낚시대회를 열자.

일본은 이미 30년 전부터 상수원 보호구역에서의 낚시를 허용하여 많은 대회를 유치하고, 상금도 프로 골퍼보다 더 많은 상금을 받는 프로 낚시꾼을 키우는 마케팅 전략으로 산업을 발전시키고 있다. 우리나라 안동시 같은 경우에도 일본을 벤치마킹해 낚시대회를 개최하여 많은 수익을 창출하는 것으로 알고 있다. 우리나라 사람들 가운데 여가 활동으로 낚시를 하는 인구가 이미 등산 인구를 추월하여 1,000만을 넘겼다. 엄청난 규모의 시장이 우리를 기다리고 있다. 일본과 안동시를 벤치마킹하여 숟가락만 올려놓으면 된다.

작은 차이가 큰 차이를 만든다

외식업을 하는 사람들이 변하고 있다. 교육도 받고, 세미나에 참석하며, 책을 보기 시작했다. 또 벤치마킹의 중요성을 느끼고 찾아다니기 시작했다.

그런데 열심히 다녀와서도 별로 달라지는 것이 없다. 이유인즉 가보니 별거 없다는 것이다. 맛집이라고 가보니 손님만 많을 뿐 자기 집과 별 차이가 없다며 투덜거리는 것을 많이 본다. 그런데 소비자들은 별 차이가 없는 작은 차이를 발견하는데, 같은 업종을 하는 경쟁자는 왜 못 보는 것일까?

나는 그것을 관점의 차이라 생각한다. 소비자의 입장에서 소비자 눈으로 봐야 하는데 주인의 눈으로 보니 결점만 보일 뿐 좋은 점은 안 보이는 것이다. 그래서 나는 지인들을 데리고 벤치마킹을 가면 어떻게든 좋은 점을 세 개 이상 찾아보라고 사전에 당부한다. 그러면 힘들게 좋은 점을 찾아내긴 하는데, 별것도 아니라는 시큰둥한 표정이다.

나는 아무리 작은 것이나 특별한 것을 봐도 우리 가게 실정에 맞게 적용해 본다. 그 덕에 옛날 일이지만, 이랬다저랬다 해서 일 못하겠다고 그만둔 직원도 있었을 만큼 변화에 변화를 줬다. 누가 말했던가, 로마는 하루아침에 이루어진 것이 아니라고.

그렇다. 별것도 아닌 작은 것들이 모여 큰 차이를 만든다. 잘되는 집은 잘될 수밖에 없는 조건을 갖추고 있다. 우리도 쪼개고 쪼개어 작은 것부터 챙기고 실천에 옮겨보자. 분명 가게가 달라질 것이다.

배달로 적을 이기자

계속하는 말이지만, 수요가 넘치는 시장에서 왜 망하는가? 그것은 적을 제대로 파악하지 못했기 때문이다. 많은 사람들이 외식업소가 많아 그만큼 경쟁이 치열해져 장사가 덜 된다고 불평한다.

그것도 일리는 있다. 그렇게 많이 망해 나가는 데도 외식업소의 숫자는 점점 늘어만 가니 어떻게 해볼 도리가 없는 듯하다.

한참 전에 이런 말을 들었다. 나이키 신발 제조회사의 매출이 약 30퍼센트 정도 급격히 떨어지는 시기가 있었다고 한다. 그 정도면

동문상인 멘토링 현대·기아차 딜러 이주호 씨

사촌 처제의 소개로 이 친구를 안 지 벌써 20년 가까이 된다. 처음 거래를 시작할 때도 다른 영업사원들보다는 조금은 더 싸고 서비스가 좋아 거래를 시작했다. 그러나 크게 성장하지 못하는 그를 보면서 안타까운 마음이 들어 몇 마디 충고를 했다. 자네 밑에 영업사원을 두라고 했더니 이 친구가 어리둥절해 하면서 "제가 말단 영업사원인데 제 밑에 어떻게 사람을 둡니까?" 하고 반문했다. 이에 나는 정식 영업사원이 아니라 거래를 하다보면 인맥이 넓은 사람들을 만나게 될 텐데 그들에게 자신에게 떨어지는 수당까지 몽땅 주고, 그러면 어떤 일이 일어나는지 살펴보라고 조언했다.

이 친구 착해서 그런지 반신반의하면서 나에게 먼저 홀딱 벗고 해주는 것이 아닌가? 그 후로 나름 괜찮은 사람들에게는 나와 같은 대접을 계속 해준 모양이다. 그 후로 현대자동차에서 차를 많이 판매한 톱top 순위에 몇 번 들고 승진하여 지금은 이사로 재직 중이다.

대기업은 문을 닫아야 할 형편이었다. 그래서 분석한 결과 적은 엉뚱한 데 있었다. 매출에 영향을 준 업체가 여타 신발 제조회사가 아니라 일본의 닌텐도 디에스(DS) 때문이라는 결론이 나왔다. 아이들이 게임기를 갖고 노느라 뛰어 놀지 못하니 신발이 안 닳아 재구매가 늦춰졌던 것이다.

글로벌 시대인 21세기에 적은 앞에 있는 것이 아니라 뒤에서 총을 겨누고 있는 경우가 많다. 쉽게 말해 방심하고 있다가는 어디서 총탄이 날아와 나를 죽일지 모른다는 말이다.

우리 외식업을 살펴보자. 오픈하는 식당의 70퍼센트가 문을 닫는 커다란 이유 중 하나는, 숨어 있는 적인 편의점 때문이다. 편의점이 바쁘고 힘든 현대인의 욕구를 맞춰 주기 때문이다. 편의점 음식은 아무 때나 구할 수 있고 대량 구매하여 냉동보관으로 자신이 먹고 싶은 때 언제나 3~5분 정도 전자레인지에 돌리면 요리가 완성되는 편리함을 갖추고 있다. 또 먹을 만하고 가격이 저렴하다는 장점도 갖고 있다. 엄청난 적이다. 게다가 물류시스템을 완벽하게 갖춘 덩치가 큰 대기업에서 운영하고 있기에 소상공인들은 그들과 전면전으로 이길 수가 없다. 그러나 감당하지 못할 것도 없다. 다윗이 골리앗과 싸워 이긴 그 장면을 자세히 살펴 우리도 그 방법을 쓴다면 승률이 있는 싸움이 될 수 있다. 편의점 음식은 장점도 많지만 단점도 있다. 가장 큰 문제는 인스턴트 음식이기에 건강에 안 좋고 맛이 평이하다는 점이다. 편의점이라는 이 골리앗을 상대하려면 이들의 단점을 공략하는 방법으로 건강한 음식을 그때그때

106

맛나게 만들어 중저가에 배달해 준다면 좋지 않을까?

편의점의 편리함은 뺏고 우리의 장점만 남으니 성공은 당연하다고 본다. 21세기는 배달이 대세이다. 배달을 연구해 보면 좋은 결과를 얻을 수 있다. 어떻게 하면 어린 시절 어머니가 해주시던 그 정성이 담긴 집밥을 배달할 수 있을까?

둥근 상인의 생각 전문서적을 읽자

인생은 생각보다 길다. 앞으로 10년 후의 인생 이모작을 생각하고 10년 동안 자신이 생각하는 직업에 관한 전문서적을 읽고 시작하자. 그러면 누구보다도 그 계통의 최고 전문가로 성공할 수 있다. 기회는 지금이다. 책을 보고 안 되는 일은 없다.

식당경영, 인테크와 세테크가 살길이다

나는 1970년대 말부터 장사를 시작하여 40년 가까이 장사만 해오고 있다. 그러다보니 옛날에 식당문만 열면 장사가 잘되던 호경기 생각이 자주 난다. 그때는 식당을 하면 큰돈은 못 벌어도 밥은 먹고 살 수 있었고, 아이들 공부는 시킬 수 있었다. 그러나 지금은 과거와는 전혀 다른 상황이 되었다.

옛날에는 식당에 직원들이 들어오면 월급이라는 개념이 없었다. 먹고 잘 곳이 없는 아이들이 대부분이었기에 침식제공이 우선이었고, 기술을 가르치며 용돈을 주는 것이 전부였던 시절도 있었다. 그러다보니 1990년대 초까지 월급은 비용 처리에서 큰 비중을 두지 않았다. 그렇게 세월이 흘러 2010년까지도 월급이 큰 부담으로 작용하지 않았고, 직원을 구하는 문제도 쉬운 편이었다.

지금은 완전히 개념이 바뀌었다. 내가 데리고 있는 직원이 동반자로서, 월급이 아니라 이익을 같이 분배해야 하는 위치로 격상되었기 때문이다. 그런데도 아직 상황 인지가 안 되어 적응을 못하고 있는 많은 업주들이 구인난을 해결하지 못하여 애를 먹고 있는 모습을 본다. 직원들을 함부로 대하고 월급에 인색하여 악순환을 겪다보니 서비스업인 식당이, 음식은 질이 나빠지고, 직원은 불친절하게 되어 장사가 점점 안 되는 상황으로 빠지는 경우를 본다. 개념을 바꾸고 생각을 바꾸어 보자. 그래야 선순환으로 장사가 잘된다.

세금도 마찬가지다. 불과 5년 전까지만 해도 4대보험이며 퇴직금, 부가세, 종합소득세에 대한 부담이 없었다. 그런데 지금은 아니다. 혼자 작게 하는 장사가 아니라면 세금에 대한 충분한 공부가 필요하다. 이것은 세금을 안 내기 위한 수단이 아니라 내야 하는 만큼만 내기 위해서다.

잘못하여 세금폭탄으로 망하는 사람도 종종 있다. 나도 한때 작은 폭탄을 맞았는데, 퇴직한 직원들을 세금공제 대상에 계속 올리는 것을 별것 아닌 것으로 여기다 적발된 적이 있었다. 세금에 대해 많이 알면 알수록 이익이다.

세상에 공짜는 없다

나라 대 나라도 덤핑 때문에 싸우고, 대기업도 덤핑으로 상품을 처리한다. 개인도 상품을 싸게 팔 능력이 안 된다면 장사를 포기하는 것이 낫다. 장사는 유통을 모르면 쉽지 않다. 파는 능력이 30퍼센트라면 사는 능력이 70퍼센트가 되어야 100퍼센트 장사꾼 소리를 들을 수 있다.

상품을 싸게 구입하는 것은 전문가만이 할 수 있는 일이다. 거기에는 많은 수고가 필요하다. 우선 다양한 정보를 확인하기 위해 발품을 팔아 자신의 눈으로 확인해야 한다. 그리고 비교 분석하는 절차를 거치는 번거로움이 따른다. 그런 후 최소한의 비용이 들어가는 최고의 상품을 섭외해 준비하고, 최소한의 마진으로 판매를 시작해서 6개월에서 길게는 1년 정도를 소비자에게 알리는 시간이 필요하다. 그 후 손익분기점을 넘어 장사가 시작된다. 나는 이런 원칙을 두고 40여 년을 장사하여 단 한 번의 실수도 없이 무슨 장사든 시작만 하면 1년 안에 대박집으로 만들 수 있었다.

이렇게 쉬운 장사를 왜 많은 사람들이 못할까? 그 이유는 이 같은 방법을 모를 뿐 아니라 너무 적은 자본으로 요행수를 바라며 시작하는 사람들이 많기 때문이다. 더 심한 경우는 남의 돈을 빌려서 장사를 시작하는 사람들이다. 이들은 작은 마진으로는 이자도 못 내기 때문에 비싸게 받는 것 외에 다른 방법이 없다. 그러다보니 장사는 점점 안 되고 끝내는 투자비도 못 건지고 폐업하는 상황에 직면하게 되는 것이다.

특히 체인점을 하는 사람들이 하는 실수다. 내 브랜드는 유명해서 오픈만 하면 무조건 장사가 잘될 것이라는 믿음으로 시작해서 망가지는 사람들을 꽤 많이 봤다. 아무리 명품이라도 지역 소비자의 인정이 우선이다. 본사의 레시피에 30퍼센트만 더 식재료를 써라. 그러면 대박을 칠 것이다. 다른 곳에서 이미 경험을 통해 만족했던 소비자들을 놀랄 정도로 만족시켜 주는 것이기 때문이다.

그때 생기는 큰 팁이 있다. 그들은 자신에게 알려줬던 지인을 다시 불러 비교를 하게 한다. 그렇게 지인 또한 놀랄 정도로 만족시켜 주면 게임은 끝난 것이다. 하지만 많은 사람들이 거지 보따리 챙기듯 자기 아집을 버리지 못해 새로운 정보를 보지 못한다. 저만치 가 있는 소비자의 욕구를 장님이 코끼리 만지듯 해석한다.

나는 아무리 작은 장사를 해도 소비자를 우선으로 두고 감동을 이끌어 내지 못한다면 그 장사는 희망이 없고 오래 못한다고 강조한다. 모든 것의 최우선에 소비자를 두고 그들에게 어떤 도움을 줄 수 있을까를 무던히 생각해야 한다.

내가 어떻게 해야 소비자들에게 도움이 될 수 있고, 그들의 이익을 대변할 수 있고, 또 어찌해야 지금보다 더 많은 이익을 그들에게 줄 수 있는지 공부해야 한다. 이렇게 한 걸음 한 걸음 앞으로 나아가지 못하면 지금은 잘나가도 후발 주자에게 자리를 양보하고 뒤처지게 된다는 사실을 명심해야 한다.

TV 먹방에 40여 회 나온 비결

많은 사람들이 물어본다. "어떻게 하면 TV에 나오느냐? 방송국에
아는 사람이라도 있느냐? TV에 나오는데 얼마나 드냐?" 등을 궁금
해 하는 사람들이 많다.

사실 나는 먹방 스타라는 애칭도 가지고 있을 만큼 먹방에 나온
숫자만 30회를 넘었고, 다른 것과 합하여 40회 이상 되니까 보통
사람치곤 매우 많이 나왔다. 뉴스에서부터 어린이 프로그램「꼬꼬
마 텔레토비」와 다큐 프로그램 등 먹방 외에도 다양하게 TV에 나
왔으니 궁금할 수밖에 없다.

그러면 이제부터 나의 방송 이력과 그에 대한 생각, 방송에 나오
는 비결을 소개하겠다.

내가 처음 방송을 접한 것은 학교에 다닐 때인 1976년으로, 남대
문시장에서 부모님을 도와 연탄불을 밤새 피워 새벽에 상인들에게
돌리는 일을 하고 있었다.

당시 이색적인 장사로 송해, 송여진 씨가 진행하는 라디오 방송

의 「가로수를 누비며」에 처음 방송을 타게 되었다. 그때 학교 친구들이며 동네에서 큰 반향을 일으켜 일약 스타 아닌 스타가 된 것을 계기로 방송의 위력을 실감하였다.

그 후 1979년 19세에 5평짜리 해장국집을 할 때 작은 가게를 커버하려고 들통에 해장국을 담아 세브란스병원 영안실을 찾아가 판매하였는데, 이것이 특별한 아이디어라며 짧지만 KBS 9시 뉴스 시간에 소개되어 초대박을 치기도 했다. 1998년 낚시가게를 운영할 때는 낚시 잡지에 칼럼을 기고하고 낚시 기인으로 인터넷에 회자되자 방송국에서 아이들과 함께 얼음낚시하는 것을 찍고 싶다고 요청을 해왔다. 그리고 그때 한창 인기 프로그램이었던 「꼬꼬마 텔레토비」에 출현하여 아이들과 낚시하고 하우스에서 상추 뜯는 장면을 촬영한 것을 계기로 낚시가게에 가족 손님이 넘치는 대박을 터트려 문의 전화 폭주로 수화기를 내려놓을 틈이 없었다.

2005년에는 MBC 「맛있는 TV」에 등갈비를 파는 것이 방영된 덕에 중앙일보의 여주도자기축제를 다룬 기사에 황토 돛단배, 도자기와 함께 우리 가게의 등갈비가 여주의 명물로 소개된 적도 있다. 그 후 메추리구이, 닭발, 막걸리 등 다양한 메뉴를 론칭할 때마다 별난 음식을 파는 가게로 20여 차례 이상 방영되었다.

또한 최근에는 '몽실식당' 도래창으로만 20여 차례 방영되어 명실상부한 양평지역 최고 맛집이라는 칭호를 듣고 있다. 「VJ특공대」, 「6시 내고향」 등 1년에 4~5회는 공중파를 탄다.

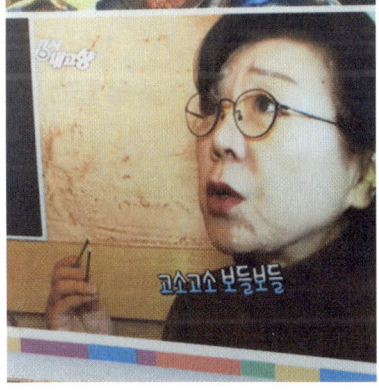

우리나라는 유독 일등만 기억한다. 이 일등을 위해서 우리는 뛴다. 장사는 전쟁이다. 치열한 정글의 법칙이 적용되는 현장이다. 그 전쟁에서 이등이나 삼등을 할 생각이라면 아예 참가하지 않는 것이 좋다. 얼떨결에 참가했다면 살아남지 못한다.

그러면 '몽실식당'은 어떻게 해서 TV에 자주 노출되는가? 첫째, 취급하는 음식 자체가 타 식당들과 차별화되어 있다. 도래창이 대표적이다. 둘째, 맛은 좋으면서 가격은 저렴하여 주변에서 인정을 받을 뿐만 아니라 한 번 찾은 고객은 반드시 재방문할 수 있도록 애프터서비스보다 비포서비스before service에 주력한다. 이에 가격

대비 소비자 만족도를 높여 입소문과 더불어 블로그 마케팅이 자동으로 이루어지도록 노력했다.

셋째는 입지 조건으로, 재래시장 안쪽이나 근처에 자리 잡았다. 이는 정부에서 재래시장 활성화 정책을 추진하면서 재래시장이 언론의 관심을 받게 되고, 시장이 방송을 탈 때 우리 가게도 자동 노출될 수 있었다. 넷째, 일단 직간접으로 방송 관계자들과 관계를 맺게 되면 우리 가게의 특별한 상품이나 매뉴얼을 적극 알려서, 당장 방송은 안 나가도 다음에 자신들이 원하는 스토리나 컨셉이 비슷하면 섭외가 오도록 하였다. 혹은 당장 방송거리가 부족하면 연락이 오기도 한다.

나는 이를 '그물을 쳐놓다'라고 표현한다. 이유는 방송 작가나 PD들은 매주 방송해야 하는데 자료가 부족하여 자료를 찾아 밤새 인터넷을 뒤지거나 소문을 찾고 있기 때문이다. 우리 가게처럼 조금만 특별한 것이 있어도 여러 방송에서 다루는 것을 보면 기삿거리가 없어 얼마나 힘들어 하는지를 짐작할 수 있다.

이처럼 자기 자신이나 가게 또는 상품 중 어느 것이라도 차별화만 시키면 되니 얼마나 쉬운 일인가!

산 정상에 오르는데 길을 하나만 고집하여 오를 필요가 있는가? 그 길 외에도 정상에 오르는 길은 364개가 더 있다는 사실을 기억하자. 새로운 길을 개척하려고 마음먹는 순간 새로운 길은 보일 것이며, 더 빨리 정상에 도착할 수도 있다. 자, 우리 모두 자신만의 방법을 찾아보자.

홍보를 멈추는 순간 성장도 멈춘다

특별한 음식, 최고의 서비스, 멋진 인테리어를 했어도 홍보를 해야
소비자에게 알릴 수 있다. 그것이 장사의 시작이다. 그러면 마케팅
(홍보)은 어떻게 해야 할까?

첫째, 음식점 광고는 내 가게에서 시작하라. 식당 개업식은 가능
하면 완벽한 준비 후에 거창하고 화려하게 해야 한다. 그래야 많은
사람들의 시선을 끌 수 있고, 호기심을 자극하여 방문을 유도할 수
있다. 화환은 많을수록 좋다. 어떤 이는 기업인이나 알 만한 정치인
의 이름이 적힌 화환을 30여 개 임대해 한 달 이상 진열하기도 한
다. 외부에서 전단지나 명함을 돌리는 것보다 가게를 찾은 고객을
대상으로 만족도 조사를 한 후 무료식권을 주며 지인들에게 홍보
를 부탁하는 방법도 좋다.

둘째, 재료의 지명도를 이용한 광고를 하라. 청정지역에서 힐링을 위한 웰빙 상품을 취급한다는 이미지를 부각시킨다. 나는 몽실식당이 있는 양평을 브랜드로 이용한다. 양평의 물과 쌀로 지은 쌀밥집, 양평 친환경 농산물을 사용하는 집 등이 여기에 해당한다.

셋째, 인터넷 마케팅을 활용하라. 자신의 페이스북 페이지를 개설할 능력이 없다면 돈을 들여서라도 홍보를 해야 한다. 의외로 많은 외지인들이 인터넷을 보고 찾아온다. 일단 찾아온 고객들은 자신의 블로그, 카페, 페이스북 등 다양한 채널에 가게를 올리는 경우가 많다.

여기서 한 가지 주의해야 할 점이 있다. 음식맛이 좋거나 인테리어가 좋거나 서비스가 좋거나 뭔가 남다른 특징이 있어야 한다. 이게 부족하면 악플이 달리는 경우도 있다.

넷째, 미디어를 이용할 수 있다면 적극 시도하라. 잘하면 대박을 치게 된다. 한 번 방송에 나가면 타 방송사나 블로거들이 몰리는 계기가 될 수 있다. 이때를 잘 관리하면 순식간에 대박집이 된다.

다섯째, 장사가 잘되면 직영점을 만들자. 월 순수익이 500~600만 원 이상이면 직영점을 내어도 된다.

우선 주인이 없어도 가게 운영이 가능하도록 시스템을 만든다. 직영점을 개설하면 홍보효과는 두 배가 되고, 원자재 값은 줄어 매출과 수익은 두 배가 된다. 또 배가된 홍보마케팅으로 3호점과 4호점 진출이 용이해져 기업이 될 수도 있다.

여섯째, 주변 상인들과 이웃들에게 인심을 얻어야 한다. 실질적인 홍보는 주변 상인들이 해주는 것이 더 크다. 그들도 나름 충성고객을 확보하고 있기 때문이다.

자신이 좋아하면 자신의 고객에게 정보를 주는데, 이것이 브랜딩의 효과다. 이웃들에게 잘 보이면 외지인이 길을 물을 때 "그 집 정말 맛있다"고 칭찬까지 해준다.

일곱째, 수익이 발생하는 만큼 투자하라. 우리 몽실식당의 경우 버스광고, 지하철광고를 비롯하여 블로그·페이스북 등 다양한 매체에 광고를 하고 있다. 매출의 5퍼센트 정도를 광고비로 책정하여 지출하고 있다. 이렇게 홍보에 투자하는 나를 보며 적지 않은 사람들이 핀잔을 준다.

"광고 안 해도 잘되는데 왜 하는지 모르겠다."

"잘되는데 욕심이 너무 많다. 이제 그만해라."

"순 광고발이구만."

그럴 때 내 대답이 있다. "삼성과 현대 같은 대기업이 왜 지속적으로 광고를 할까?"

그들 또한 자신의 기업 이미지나 상품이 대중의 기억 속에 머물게 하기 위해서 광고를 한다. 많은 사람들이 맛이 없거나 불만이 있어서보다 잊어서 찾지 않는 경우가 더 많기 때문이다. 홍보비는 잘만 쓰면 몇 배 이상의 효과가 있다.

나는 최근에 쓸 만한 시설도 모두 철거하고 새롭게 덕트와 2개짜리 불판을 설치했다. 손님들의 옷에 냄새가 배지 않게 하고, 두 가지 음식을 식지 않고 먹게 하려는 배려였다. 서비스도 한층 더 좋아졌다. 주문량과 상관없이 무조건 된장찌개와 국밥을 서비스로 제공한다. 고기를 1인분도 제공하고, 반찬 가짓수도 늘렸다. 고객을 위한 비닐우산을 준비했고, 무료 주차가 가능하도록 했다. 서스펜디드 운동, 유니세프에 총매출의 0.5퍼센트 기부와 컨설팅, 코칭 등을 통해 사회에 환원하는 일도 가게를 긍정적으로 홍보하는 데 도움이 된다.

이렇게 모든 일, 숨 쉬는 것마저 가게 홍보에 기여해야 한다.

아무리 시장 안이라고 하나 닭비린내가 심하게 나고 지저분한 가게였다. 그러나 음식솜씨는 있어 맛이 좋은 덕에 기본은 하는 가게였다. 가게 내부도 꽤 넓어 잘만 손보면 장사가 배 이상 될 듯 싶은데 이 집 주인은 도무지 말을 귀담아 듣지 않았다. 조금만 더 하다 그만둔다는 둥 지금 파는 것만 갖고도 충분하다는 둥, 자신은 돈 욕심이 없다며 도무지 말을 안 들어 설득하는 데 1년은 걸렸다. 인테리어를 손봐서 호프집 스타일로 바꾸는데 말이다.

지금은 어떻게 변했을까? 무려 매출이 5배가 넘게 성장했다. 부부가 서로 미뤄가며 운영하던 가게가 배달직원만 3명이 되고 홀 서빙을 담당하는 직원도 2명이나 되는 멋진 가게로 바뀐 것이다. 또한 자신의 노하우를 잘 전해 줘서 벌써 몇 집이나 전수 창업을 해주었다. 물론 부가적인 수입이 더 짭짤한 상황이다.

전략 2 **감동을 주는 고객대응**

고객은 온몸으로 말한다

맛집 주인들, 특히 나름 음식에 조예가 있다고 자부하거나 제법 이름난 대박집을 운영하는 사람들의 특성 중 하나가 자신의 주관이 뚜렷하고 장사에 자부심을 갖고 있다는 점이다. 이들은 고객의 80퍼센트가 아무런 불만 없이 잘 먹고 가는 것을 가게의 자부심으로 여긴다.

그들은 불만을 표시하는 고객을 어떻게 해서든 이해시키려 한다. 그러나 얼마나 잘못된 생각인지는 입장을 바꿔보면 금방 알 수 있다. 식당 주인이 아니라 외식을 하는 고객의 입장으로 돌아가 보자. 음식을 사먹고 그 식당 주인에게 불만을 표하거나 조언을 해주는 것이 얼마나 귀찮고 큰마음을 먹어야 하는 일인지 느낄 수 있을 것이다. 그냥 다시 안 오면 되는데 말이다. 큰 애착이 없으면 정말 하기 싫은 일이다.

나는 그것을 알기에 고객이 어떤 문제를 제기하든 그를 이해시키려 하지 않고 자세히 듣는다. 그래야 뭘 원하는지 그의 진심을 이해할 수 있으니까. 쉽게 말해 똑같은 음식을 갖고도 짜다는 사람, 싱겁다는 사람이 하루에도 몇 명이나 나온다.

그러나 그들이 말하는 것은 자신을 알아주라는 표현의 한 방법이다. 세상 누구나 자신이 인정받았을 때가 가장 행복하다는 설문 결과가 있다.

그러므로 이들에게 짜지 않다고, 싱겁지 않다고 설득하는 것은 무의미하다. 그냥 쿨하게 인정하고 "다음에는 조심하겠습니다"라고 약속을 드린다.

다음에 그를 기억했다가 입맛을 맞춰 주고 "오늘은 어떠십니까?" 하고 꼭 물어봐야 한다. 그는 우리 가게에 관심이 많고 애착을 갖고 있는 고객이니까 말이다. 우리는 고객을 이해시키는 사람이 아니고 그들의 입맛을 맞춰야 하는 사람일 뿐이다. 나는 한참을 '음식은 동호인 모임과 같다'고 말하곤 했다. 왜 그런 생각을 했는가 하면, 사람들마다 식성이 다 다르다고 여겼기 때문이다. 쉽게 말해 기름진 음식을 좋아하는 사람과 담백한 음식을 좋아하는 사람을 동시에 어떻게 맞추느냐는 것이다. 이것은 내 음식을 좋아하는 사람만 오면 된다는 주의다. 그러다보니 가게 매출이 한계에 부딪히기 시작했다. 더 이상 매출이 올라가지 않았다. 우리 가게는 마니아가 아니라 일반인을 위한 대중음식점이라는 사실을 간과했던 것이다.

대중음식점에서 마니아들만 상대하려 했으니 탈이 났다. 이런 아이러니가 또 어디 있겠나. 이것을 깨닫고 난 후부터는 고기를 팔아도 신선한 채소를 최대한 많이 첨가시킨 웰빙 쪽으로 방향을 잡았다. 그랬더니 매출이 2배 이상 오르는 것이 아닌가. 여러분도 자신의 음식에 뭘 더했으면 좋을지 고객의 입장에서 생각하기 바란다.

분명 이미 많은 고객들이 말해 주었는데도 알아채지 못한 부분이 있을 것이다. 고객은 입보다는 표정으로, 몸으로 더 많은 말을 하기 때문이다. 지금 우리 가게를 찾는 고객 가운데는 허리를 90도 이상 굽히며 배꼽 인사를 하는 분들이 많다. 만족감의 표시일 것이다. 그래도 나는 혹여 불편해 하는 손님은 없는지 눈을 크게 뜨고 관찰한다.

고객의 마음을 읽는 비법

장사가 안 되는 식당의 주인들이 이해하지 못하는 대목이 있다. 그들은 "음식이 맛있다는 칭찬도 듣고, 가격도 저렴하고, 나름 신선하고 좋은 식자재를 쓰며, 정직한 장사를 열심히 하는데 손님이 없다."고 푸념한다. 도대체 얼마나 더 열심히 해야 손님을 끌 수 있을지 도무지 답이 없단다. 싸고 맛있는 음식을 만들어내는 것은 대단한 일이다. 그러나 이제는 기본에 불과한 일이 되었다. 나는 '열심'이라는 단어를 짚고 넘어가고 싶다. 과연 무엇을 열심히 했는가? 영업시간을 늘리고, 주인이 쉬지 않고 직접 주방이나 홀에서 일하면 열심히 하고 있다고 착각한다.

그러나 그런 '열심'은 고객들의 마음을 움직이지 못한다. 왜? 고객이 무엇을 원하는지 모르기 때문이다. 진짜 '열심'은 고객의 니즈와 요즘의 트렌드 파악을 위해 노력하는 것이다.

쉽게 말해, 달리기 시합을 하는데 골인지점을 모르고 뛴다면 아무리 빨리 뛰어도 이등도 못할 건 뻔하다. 그렇게 방향을 모르는 '열심'보다는 손님을 아는 일에 최선을 다하고 그들의 욕구를 채워 주기 위해 노력해야 한다.

　어떻게 하면 고객의 마음을 알 수 있을까? 나는 고객의 마음을 알고 얻기 위해 허드렛일을 도맡아 하고 있다. 즉 고객의 아이들과 놀아주기, 화장실 청소, 주차관리, 가게 앞 쓸기 등이 내 일이다. 그런 일을 하다 보면 나의 성실에 대한 답변으로 그들은 자신의 진솔한 얘기를 들려준다. 또 직접 항의를 하는 사람들도 있지만 그들은 문제만 해결되면 단골이 된다. 말없이 가게를 나가서 문밖에서 중얼거리듯 하는 말이 진정한 고객의 소리일 때가 많다. 밖에서 일하면 그런 소리가 의외로 잘 들린다. 나도 이걸 아는 데까지 오랜 시간이 걸렸다. 여러분도 시도해보기 바란다.

　방향을 잃으면 아무리 열심히 해도 소용없다는 사실을 되새겨야 한다. 고객의 마음을 사고, 고객이 원하는 것보다 2배의 서비스로 감동을 주면 무조건 대박식당이 될 것이라고 장담한다. 『손자병법』에도 지피지기면 100전 100승이라고 했다. 목마를 때는 물 한 모금만큼 소중한 게 없다.

　고객의 마음읽기에 최선을 다하면 길은 열린다. 특히 가게의 단골고객들에게 물어 보라. 자신의 가게를 찾는 이유가 뭔지를. 그리고 그것을 충족시켜 주기 위해 더 많은 노력을 한다면 대가는 배 이상이 될 것이다

무엇을 아느냐가 아닌, 누구를 아느냐가 더 중요하다

줄(인맥)은 성공을 위해 없어서는 안 되는 것이다. 그러나 동아줄이 되느냐 썩은 새끼줄이 되느냐는 모두 자신에게 달려 있다. 인덕은 자신만이 쌓을 수 있는 덕이다. '만남은 우연이지만 관계는 노력'이라는 말을 가슴에 품고 살자.

서비스의 완성은 인사다

인사만 잘해도 성공할 수 있다. 인사의 중요성, 과연 얼마나 강조해야 할지 모르겠다. 인사는 고객과의 접점에서 시작과 끝이다. 그러면 어떻게 해야 할까?

고객이 들어오면 하던 일을 최소 3초간 멈춘다. 그리고 눈을 마주치고 웃는 얼굴로 맞이한다. 보고 싶었던 지인이나 기다리던 자식이 왔을 때처럼 하면 된다.

오랜만에 만나는 지인을 보면 어떻게 대하는가? 반갑게 맞이하며 우선 안부부터 물을 것이다. 오는 데 힘들지 않았냐고. 그리고 그의 모습을 살피며 좋으면 좋은 대로 칭찬하고, 안 좋으면 말 없이 걱정하는 마음으로 자리에 안내한다. 그리고 계절에 맞는 음료수와 함께 그와 먹으려고 준비한 다과나 음식을 내오지 않던가.

여기가 중요하다. 고객에게 꼭 먹게 하고 싶은 우리 가게만의 메뉴가 있어야 한다. 나 같은 경우에는 우리 가게를 비껴가는 고객을 보면 너무 마음이 아프다. 매출 때문에? 아니다.

정말 맛있는데 못 먹여 보내는 것이 안타까워서다. 정말 좋은 식재료를 써서 정성을 다해 준비했기 때문이다. 이렇게 부모, 형제나 친구 대하듯 '널 위해 준비했으니 꼭 이것을 먹어야 해. 그래야 준비한 나도 행복해지니까'라는 마음으로 "뭘 드시겠어요?"라고 묻는 것은 우문우답을 불러온다.

고객이 뭐가 맛있는지 어찌 알고 주문을 할 수 있겠나. 주문을 받는 데 주의할 점이 있다. 고객의 성향을 파악해야 한다. 단골고객이라면 식습관을 알아두었다가 조절하여 주문을 받으면 되지만, 처음 온 고객에게는 대표 메뉴를 최소 두 가지 이상 맛보게 추천하는 방식을 쓴다.

"준비된 메뉴를 다 먹기는 힘드니까 오늘은 이것과 저것을 드셔 보시고, 다음에 다른 것을 드세요. 주문한 것도 특별한 맛이지만 이것도 색다른 맛이 있거든요."

라고 말하며 주문을 받으면 매출도 오르고 소비자의 만족도도 높일 수 있다. 예를 들어 뚱뚱한 사람과 늘씬한 사람, 머리숱이 많은 사람과 그렇지 않은 사람, 안경 쓴 사람과 안 쓴 사람, 남과 여, 술을 좋아하는 사람과 그렇지 않은 사람, 나이 든 사람과 젊은 사람 등 다양한 고객만큼 성향도 다 다르다는 것을 생각하고 거기에 맞는 추천을 해야 한다. 비만인 사람은 음식을 짜고 달게 먹고 과식하는 성향이 있고, 늘씬한 사람은 저염식과 매운 것을 좋아하는 성향이 있으니 거기에 맞는 음식을 권하면 잘 먹고 간다. 다음에 또 오겠다는 말을 듣는다. 하지만 반대로 권하면 '맛집이라더니 별 것 없네' 하는 불평과 함께 재방문을 기대하기 힘들게 된다.

이처럼 주문 받는 것도 고객에 대한 관심과 배려라는 인사에 속한다는 사실을 생각하는 주인이나 직원이 몇이나 있을지 궁금하다. 또 고객이 나갈 때도 친인척이나 친구에게 하듯 똑같이 하면 최고다. 우선 두고 가는 물건이 없는지 살피고, 무거운 물건이 있으면 최소 문밖까지, 가능하면 차까지 들어다 준다.

보통 지인의 집을 방문했다가 돌아올 때면 집주인의 아쉬워하는 마음이 전해지지 않던가. 그와 같으면 된다. 당신을 위해 수고를 아끼지 않았지만 준비 과정이 행복했고 찾아와 같이 있어준 시간이 행복했다, 다음에는 더 좋은 것을 해줄 테니 또 오라는 약속과 함께 배웅한다. 상대방이 안 보일 때까지 문 앞에 서 있다가 혹여 그가 돌아보면 손을 흔들거나 머리를 숙여 아쉬움을 표현하지 않던가. 나는 이것이 인사의 모든 것이고, 서비스의 완성이라고 감히 말할 수 있다.

정상에 다다를수록 힘은 배가 든다. 그러나 참고 견디면서 한 걸음 한 걸음 전진하다 보면 어느새 정상에 우뚝 선 내 모습을 보게 될 것이다. 나는 지금도 힘들다. 그러나 더 큰 산(영광)을 위하여 기꺼이 참고 견디며 오늘을 충실히 산다. 아무리 힘들어도 오늘 하루는 견딜 수 있기 때문이다.

손님은 우리에게 돈을 주는 사장이다

가끔가다 있는 일이다. 매번 주의를 주어도 되풀이되는 일, 다름 아닌 손님에 대한 뒷담화가 그것이다. 우리는 흔히 "손님은 왕이다, 신이다" 하며 위하는 척하다가 이른바 진상 고객이 왔다 가면 직원들의 반찬거리(씹을 거리)가 된다. 때론 주인까지 거드는 경우도 있다. 일단은 진상 고객에게 욕을 하거나 뒷담화를 하면 속은 좀 시원할지 모르겠다. 그러나 그것이 부메랑이 되어 나의 뒤통수를 친다면 함부로 직원들과 고객의 뒷담화나 욕을 할 수 있을까?

이유는, 그런 일이 반복되다보면 직원들이 손님을 쉽게 보게 되고, 그것이 서비스 불량으로 이어져 매출이 떨어지는 악순환 구조로 빠져들기 때문이다.

사람은 영적인 동물이다. 죽은 생선도 썩으면 고약한 냄새가 주변을 휘감아 옆에 가기가 싫은데, 하물며 사람의 생각이 썩었는데 어떻게 주변에 사람들이 꾀는 것을 바랄 수 있겠는가.

내가 이런 말을 하면 나보고 고상한 척한다며 "진상한테 진상이라고 하는데 무슨 죄가 되는가! 그것을 나무라는 것은 너무한 처사 아니야?"라고 할 것이다. 그러나 생각을 달리해 자신도 그 가게의 책임자일 뿐 직원이라고 생각해 보면 어떨까? 돈 주는 사람! 내가 일한 대가, 내가 수고한 만큼의 수고비와 투자비를 주는 사람이 사장인가, 받는 사람이 사장인가? 자, 그럼 답은 나올 것이다! 그렇다. 고객이 진정한 사장님이다.

사람은 만물의 영장이다. 굳이 말을 안 해도 마음과 영이 통하는 영적인 존재다. 고객은 바로 우리 마음을 알아차리고 공과功過대로 갚아 준다.

자, 이제부터는 어떻게 하면 고객에게 조금이라도 더 잘해 줄 수 있을까를 고민하자! 2~3년 전만 해도 기브 앤드 테이크라 했는데, 요즘은 기브 앤드 기브라 한다. 나는 가끔 장사를 낚시에 비교한다. 물고기가 많은 곳에서는 빈 낚시에도 고기가 잡힌다. 그러나 고기가 있다 해도 낚시꾼이 많으면 목과 밑밥 싸움이 시작된다. 가능하면 좋은 목을 택해야 하고, 혹여 자리가 조금 미흡하면 미리 밑밥을 투척하여 향기로 고기를 유혹해 놓고 고기가 원하는 맛있는 미끼를 낚시에 걸어놓고 기다리다 미끼가 없어지면 또 미끼를 거는 식으로 계속되는 기브 앤드 기브가 되어도 겨우 몇 마리 고기를 잡기도 하고 심지어 꽝을 치는 경우도 종종 있다. 물고기 한두 마리만 잡으려 해도 좋은 목을 잡고 밑밥질을 한다. 그리고 좋은 미끼를 걸어놓고 기다리고 기다리는 시간 투자를 또 한다.

하물며 사람을 낚으려는 장사꾼이 밑밥질은커녕 고춧가루나 폐유같이 고기가 싫어하는 것을 투척해 넣으면 답은 뻔할 것이다. 나는 많은 업주들이 고객을 그리 쉽게 생각하는 것이 문제라고 생각한다. 다른 것이 없다. 정성을 다하자. 내가 줄 수 있는 것은 다 주고, 고객이 원하는 것이 무엇인지 순수하게 고객 입장에서 되짚어 보자.

지금은 소비자 감동시대다. 그 말은 고객의 마음을 쪼개고 또 쪼개어 여러 가지 작은 욕구도 놓치지 말아야 한다는 것이다. 그래서 소비자가 진짜 원하는 것이 무엇인지 고객의 마음을 헤아리는 것이 마케팅의 시작이다. 그들은 우리 가족과 직원을 먹여 살리는 우리의 사장이다. 우리도 그를 위해 끊임없이 노력하는 자세가 될 때 고객에게 조금은 보답하는 길이 되지 않을까?

앞으로는 진상 고객을 나에게 월급을 주는 사장의 꾸지람으로 받아들이고, 그 사람이 왜 화를 내는지 다시 한 번 생각해 보자. 만일 직원들에게 훈계를 했는데 잘못은 고칠 생각을 안 하고 부루퉁해져 삼삼오오 모여 사장의 뒷담화나 한다면 본인은 어떻게 대처할지 생각해 보는 것도 괜찮다.

우리가 직원에게 주인의식을 강조하듯이, 고객(사장)이 원하는 주인의식을 의식하자! 그래서 주인(고객)의 마음에 드는 일꾼이 되어 보면 어떨까?

동군상인의 생각 — 장사는 사람을 낚는 것

낚시를 해본 경험이 있는가? 해본 경험이 없다면 주변에 낚시를 즐기는 사람에게 물어 보기 바란다. 물고기 한두 마리를 잡기 위해서 포인트(목)를 잡고 충분한 시간을 두고 밑밥질을 한 다음 다시 낚싯바늘에 미끼를 걸고 또 기다린다. 그러나 먹이만 떼이는 경우가 허다하고, 어떤 경우에는 한 마리도 못 잡고 자리를 털고 일어날 때도 있다. 그때는 포인트를 바꾸거나 밑밥질을 다시 며칠 계속하여 포인트를 만든다. 하물며 사람을 낚는데 그보다 소홀할 수 있나? 때로는 손해 볼 줄 아는 사람이 진짜 장사꾼이다. 노나라 강태공은 위수에서 빈 낚시(곧은바늘)로 60년 동안 세월만 낚았다.

주인 같은 고객, 가능하다

장사하는 사람이 주관 없이 장사를 한다는 것은 말이 안 된다. 나만의 장사 스타일이나 고집은 꼭 필요한 부분이다. 그러나 내가 가진 기술이나 스타일이 완벽할 수만은 없다는 사실 또한 인정해야 한다. 다시 말해 나는 좋아도 다른 사람들은 얼마든지 불편할 수도, 싫어할 수도 있다는 것이다.

여기엔 겸손이 절대적으로 필요하다. 지금 시대는 진화에 진화를 요구하고, 계속적인 창의성을 요구한다. 장사를 하다 보면 많은 손님들이 건의와 조언을 한다. 그것은 그만큼 우리 가게를 사랑하

130

고 기대심리가 강하다는 뜻이다.

하지만 그들의 조언을 다 듣다가는 가게는 주체성을 잃고 산으로 갈 것이다. 그렇다고 고객의 모든 말을 무시한다면 가게 발전은 포기하는 것이 낫다. 가게는 고객의 조언을 먹고 커가는 존재이기 때문이다.

그러면 어떻게 해야 할까? 일단 고객이 어떤 문제를 제기하든 검토와 시도는 해봐야 한다. 그 제안이 좋으면 가게에 접목시키고, 제안자인 고객에게 반드시 감사의 표시를 해야 한다. 지인들과 무료로 식사할 수 있는 티켓을 선물로 제공하여 그 고객 입장에서 자부심을 느끼고 지인들에게 자랑할 수 있게 해야 한다.

그러나 십중팔구는 가게에 적용하기 힘든 아이디어일 경우가 많다. 그럴 때도 고객들에게는 감사 표시를 하고, 시도해 본 경위와 어떻게 안 맞는지 이유를 충분히 설명해야 한다. 그러면 자신이 한 말에 대해서 주인이 관심을 갖고 검토했다는 사실만으로도 자부심을 느끼고 또 다른 아이디어를 제공해 준다. 가게 매출을 걱정하는 주인같이 충성도 높은 고객을 만들 수 있다.

직원들은 보통 두 가지 이유로 건의하는 경우가 많다. 우선 본인이 일하는 데 불편하거나 고객들에게 불평이 많이 발생할 때다. 그리고 진정으로 주인의식을 느껴 가게 발전을 보고 싶어 하는 경우도 있다.

어쨌거나 직원의 건의는 가능하면 빨리 검토하고 신속하게 처리하는 것이 좋다. 그래야 진정한 주인의식을 갖고 더 열심히 하며,

건의도 자주 할 것이기 때문이다. 만일 주인이 해명도 없이 2~3차
례의 건의를 무시한다면 직원들은 일할 의욕도 상실하겠지만, 향
후 입을 닫을 것이고 이직률도 높아지게 된다. 중요한 것은 겸손한
자세로 시도해 보는 것이다. 누구의 충고나 건의라도 말이다. 주인
같은 고객 만들기는 참으로 쉽다.

조금 싼값, 푸짐함이나 덤도 미덕이다

가게를 어디서 시작해야 제대로 된 목을 잡았다고 할 수 있을까?
많은 사람들이 지역 맛집을 피해 간다. 설혹 어쩔 수 없어서 대박
식당 옆에서 오픈하게 되면 대박식당과 다른 메뉴를 선택하는 경
우가 많다. 그것은 대박식당을 이길 자신이 없기 때문이다. 맞는 이
야기다. 유명 브랜드 식당도 기존의 '지역 맛집'을 이긴다는 것은
쉽지 않은 일이다. 그러나 이길 수 있는 방법도 있다. 많은 대박집
들이 보통을 밑도는 수준의 서비스를 하고 있는 경우가 많기 때문
이다. 오래되면 보통은 지치고 시스템의 부조화로 고객 입장을 살
필 여유가 없게 된다. 그러다보니 음식값도 보통 이상인 경우가 많
고, 복잡하고 정신이 없으며, 전반적인 서비스의 질이 떨어지는 경
우가 많다.

이것은 대박식당의 치명적인 약점이다. 만일 내가 대박식당 옆
에 자리를 잡는다면 첫째, 대박식당보다 조금은 더 멋지고 쾌적한
환경으로 대박집의 약점을 보완한다. 둘째, 똑같은 음식, 똑같은 콘
셉트로 승부를 걸어보겠다. 대신 음식을 더 맛있게 만들고, 똑같은

콘셉트를 지향하되 고객 입장에서 시스템을 만든다.

셋째, 진짜 중요한 점으로, 가격을 1,000원 싸게 책정하고 조금만 더 푸짐하게 한다면 동등한 대박식당을 만드는 것은 시간 싸움이다. 이젠 피하지 말자. 목은 좋지만 대박식당에 치여 망해 나간 사람이 많은 곳, 의외로 가게세가 싸고 권리금이 없어 부담이 없는 곳, 대박식당을 잡는 킬러가 되어 보자. 만일 대박식당 주인이 이 책을 읽는다면 이런 조언을 하고 싶다. 대박식당을 운영하는 사람은 끊임없는 진화만이 오래 가는 대박식당을 운영할 수 있다고 말이다.

"전문가가 되고 애프터에 충실하여 내 고객을 만들어라"라는 문구가 생각나게 하는 사람이다.

세척기를 구입하면서 우연히 알게 된 친구다. 세척기를 꼼꼼하게 설치해 주고 사용방법까지 상세하게 설명해 주는 성실한 모습이 마음에 들었다. '타 회사 제품에 대해서도 공부해서 세척기 박사가 되어 타사 제품도 봐 주면, 기계라는 것이 언젠가는 수명을 다할 것이고 그때는 당신에게 구입하게 될 것'이라고 말해 주며 주변의 몇 집을 소개해 줬다.

그 후 그는 정말로 세척기 박사가 되어 우리 가게에 보충세제를 가지고 오는 날은 아예 양평에서 하루를 보내며 타사 제품까지 A/S를 해주고 다녔다. 이 친구는 내 말대로 1년을 넘게 무상으로, 양평 외에 다른 지역도 정성껏 서비스를 해주었다. 7년이 지난 지금은 영업사원에서 직원을 5명이나 둔 사장이 되어 있지만, 우리 가게만큼은 직접 관리해 주는 친절한 영업사원이다.

전략 3 장사 운영의 노하우

자신감은 꼭 필요한 도구이다

많은 사람들이 오늘도 개점을 하고 폐점을 한다. 장기불황의 늪에 빠져 있는 L자 경기시대, 그러다 보니 나름대로 준비하고 최선을 다하여 진행했지만 막상 개점하려니 불안하다. 또 현업에 종사하는 사람들도 불안하기는 마찬가지다.

이미 식당을 개점하려고 마음먹었다면 나름 음식에 자신이 있다거나 어떠한 노하우가 있기에 그런 결심을 하였을 것이다. 그런데 문제는 거의 다 도토리 키 재기 식이라는 것이다. 맛이 있어도 어디서나 먹을 수 있는 맛이고, 인테리어나 영업방식 또한 어디서나 볼 수 있고 경험할 수 있는 방식이라는 점이다.

쉽게 말해 경쟁력이 없고 창의성이 없다. 생각 없이 좋다는 것들을 모방해 놓았기 때문이다. 깊이 생각해 보거나 노력한 흔적이 없다. 시험 전의 아이들 같이, 노력을 안 했으니 불안하고 두려울 수밖에 없는, 그런 사람들에게 이렇게 말한다. "전쟁을 하는 병사들의 사기가 떨어지면 부대의 역량이 아무리 좋아도 패할 수밖에 없다. 그렇게 두려움에 떨고 있는 가게는 조만간 폐점할 수밖에 없다. 시작하지 않은 사람은 포기하고, 현업에 있는 사람은 최소한의 권리금만 챙기고 빨리 가게를 넘기라"고 충고한다.

불안하고 자신이 없다면 전문가가 아니다. 자신이 그 바닥에서 최고라고 생각한다면 무서울 것이 없기 때문이다. 많은 사람들이 너무 쉽게 생각하고 너무 쉽게 포기하기에 작품이 안 나오는 것이다. 정말 진지하게 생각하고 김치찌개 하나라도 찌개 맛집 100군데 이상을 답사하고, 연구에 연구를 거듭한다면 나만의 것을 창조할 수 있을 것이다. 노력해야 한다. 죽을힘을 다해 목숨을 걸어봐라. 두려움이 없어진다.

나는 한 번도 개점하기 전에 두려워해 본 적이 없었다. 이미 목숨을 걸었기 때문이다. 산모가 산통을 겪듯이 극심한 고뇌와 고통이 전제되어야 진정한 창조의 기쁨을 누릴 수 있는 것이다. 그렇게 나만의 상품을 가지고 영업을 시작한다면 무섭거나 두려울 것이 없고, 실패하라고 해도 성공하게 되어 있다.

그것은 경쟁력 또한 배가 되고, 내 상품을 누구도 흉내내기 힘들며, 설혹 흉내를 낸다 해도 원조 브랜드의 선점을 따를 수가 없는

둔근상인의 생각 장사의 스킬은 음식의 조미료다

요즘 많은 사람들이 3무無 음식만이 최고인 듯 자랑하지만 결코 조미료 없는 음식이 사람들의 미각을 사로잡지는 못한다. 그러기에 화학이나 인공 조미료가 아닌 천연 향료나 조미료가 발전되는 것이다. 이와 같이 장사도 스킬에 진정성을 더한다면 멋진 천연조미료 역할을 할 것이다. 진정성은 아무리 강조해도 부족함이 없다. 나는 직원을 가족으로, 직원은 고객을 가족으로 생각하고 행동하는 것이다.

것이다. 자, 지금 이 순간 목숨을 걸자! 생즉사生卽死 사즉생死卽生
이다. 걱정하지 말고 1시간 일찍 일어나 문을 열고 1시간 늦게 문
을 닫으며, 그 2시간을 최고가 되기 위해 노력하자. 그러면 두려움
도 걱정도 사라질 것이다.

고객과 거래처, 직원을 환대하자

장사하기 참 힘든 세상이다. 원자재며 인건비며 세금과 요금 등 오
르지 않는 것이 없다. 경기는 점점 내리막길을 향해 치닫고, 경쟁은
점점 치열해지니 진퇴양난이 따로 없다. 아무리 생각해 봐도 뾰족
한 수가 안 나오니, 허참, 기가 막혀 한숨만 나오는 시기다. 그러면
이대로 무너져 내려야 한단 말인가?

  답답하다, 답답해! 이럴 때는 어떻게 해야 할까? 하늘이 무너져
도 솟아날 구멍이 있고, 호랑이에게 물려가도 정신만 차리면 산다
는 속담이 있는데, 이럴 땐 어떻게 해야 할까?

  필자의 생각은, 어려울 때는 납작 엎드리는 것이 최고라는 것이
다. 모든 비용과 이익은 최대한 낮추되 인건비와 고객의 퀄리티만
은 최대한 올려, 혼자 하는 경영에서 여럿이 하는 집단경영으로 전
환하자. 모든 것에 앞서 사람이 먼저다.

  필자처럼 비싼 수업료를 지불하고 늦게 깨달아 좋은 기회를 놓
쳐 고생하지 말고 사람 중심의 사업을 하자. 아직 깨우치지 못해
힘들어 하는 이들이여! 본인이 하는 일로 인해 주변 사람들이 이익
을 보고 있는지, 그 이익이 계속 늘어날 수 있도록 힘을 다해 노력

하는지 자신에게 반문해 보라. 어떤 사람도 자신의 이익이 없으면 움직이지 않는다. 사람은 이익을 좇는 동물이니까 그렇다.

비근한 예로 많은 사람들이 삼성전자의 스마트폰을 구매하는데, 삼성이 부자 되라고 구매하는 것이 아니다. 자신의 필요와 이익을 위해서이다. 그러면 우리 소상공인도 가격이나 서비스, 각종 부대 시설 등 남과 차별화되는 이익을 주어야 고객의 관심과 사랑을 받지 않을까.

그러면 나의 고객은 어떤 사람이며, 어디에서 무엇을 하는 사람들인지 알아야 할 것 아닌가. 첫째, 호스피텔리티Hospitality라는 말을 들어봤는가? 요즘은 호스피텔리티 학과를 개설한 대학도 점점 늘어나는 시대다. 직역하면 '접대, 환대'란 뜻으로 쓰이지만, 어원은 그리스어로 '신과 함께 하는 사람', '신의 가호를 받는 사람'이라는 말이다. 신과 동격의 대접을 해주어야 한다는 뜻이다.

흔히 "손님은 귀신이야, 귀신"이라는 표현에서 보듯이, 손님은 속일 수 없고, 함부로 대하거나 무시할 수 없는 존재로 격을 높이는 것과 같은 의미다. 진정한 환대는 고객감동으로 이어진다. 신이 우리에게 축복을 주듯이 고객 스스로 홍보대사를 자임하며 다른 가게의 선진 기법이나 특별한 이벤트에 대한 정보를 준다. 더불어 메뉴 개발까지 세세히 알려주고, 제대로 실행을 하고 있는지 점검까지 해준다. 이게 복이 아니고 무엇인가.

둘째, 모든 사람은 수고한 만큼 일한 대가를 정당하게 받고 싶어한다. 이것을 자신의 납품업자나 거래처에 똑같이 적용해 보라. 거래처와 커뮤니티가 이루어지면 자신이 영업하는 것과 같이 항상 신선하면서도 최고의 원자재만 공급해 준다.

또한 좋은 상품이 싸게 나오면 우선순위로 챙겨 주기까지 한다. 이것뿐인가. 경쟁업소의 요리 기법이나, 각종 고급정보를 알려줘 큰 수익을 올릴 수 있게 도와주는 축복을 선물한다.

그러면 호스피텔리티는 고객과 거래처에만 해당하는가? 아니다. 이들에 앞서 같이 일하는 직원이 먼저다. 직원이 만족하지 못하고 행복하지 못하면 결코 고객의 만족과 거래처의 만족도 장담할 수 없다. 직원이야말로 가장 중요한 첫 번째 고객이라는 사실을 잊지 말자.

가장 먼저 인격적인 대접을 하고, 일한 만큼의 대가와 일하는 환경을 동종업종 최고 수준으로 끌어올려야 한다. 더불어 교육 기회를 제공하여 직원의 능력과 삶의 질을 향상시키면 만족한 직원들이 스스로 경영에 동참한다. 그러면 직원들의 마음에서 상상하지 못한 새로운 아이템이 우러나와 경영혁신을 이루는 데 큰 도움이 된다.

이처럼 세 부류의 고객들에게 헌신할 때 하나를 주고 더 큰 축복을 받게 된다. 이것이 이해가 결부된 사람들의 집단경영 효과다. 뛰어난 혼자보다는 보통사람 10명이 모이면 10배, 100배의 효과가 발생한다는 호스피텔리티 효과요 인간중심 경영이다. 차동엽 신부님의 저서인 『무지개 원리』라는 책에는 하루에 1,000번 "감사합니다, 감사합니다" 하고 되뇌면 팔자가 변한다고 적혀 있다. 그래서 필자도 따라 해봤더니 정말이지 팔자가 변했다. 돈 안 들이고 좋은 것은 바로 따라 하는 것도 지혜의 덕목이다. 다함께 어려운 국면이지만 팔자를 바꿔 보자.

> **동글상인의 생각 장사꾼과 사업가의 차이**
>
> 장사꾼은 아무리 많은 소득을 올려도 당사자가 빠지면 소득이 없어진다. 그러나 사업가는 자신과 같은 사람들을 교육을 통해 복제하여 그가 없어도 더 많은 소득을 창출한다.

내 가게에 '꼭' 와야 하는 이유를 만들자

나는 우리 가게를 지나쳐 다른 가게를 찾는 사람들을 보면 마음이 아프다. 대한민국 최고의 맛집을 두고 지나치는 그들의 무관심이 마음을 아프게 한다. 그러나 한편으로는 반성도 한다. 나의 홍보 부족으로 맛있고 영양이 풍부하며 정성이 깃든 음식을 못 먹게 한 것 같아서다.

아무튼 이 지역에 살면서도 우리 가게에 처음 오는 고객들은 '어떻게 여기를 몰랐지?' 하며 한마디씩 한다. 고객들이 우리 가게를 꼭 와봐야 하는 이유는 단순하다. 국내 최고 품질의 고기를 중저가에 판매한다는 점이다. 사실 가게는 작지만 우리나라 굴지의 재벌 회장이 단골손님이고, 대학병원 원장, 연예인, 교수, 정치인, 퇴직한 고위 공직자들을 비롯하여 대단한 분들의 단골집이 될 정도로

퀄리티가 있는 고깃집이다. 또 내가 개발한, 대한민국에서 하나뿐인 도래창 요리가 있고, 불고기 150그램에 직접 만든 12찬과 4가지 샐러드를 무한리필로 먹을 수 있으며, 특급 호텔보다 더 맛있는 된장찌개까지 더하여 총 8,000원 하는 불고기 된장 특선이 있는 집이다.

이 정도면 맛과 질, 서비스 면에서 대한민국 최고라 해도 과언이 될 수 없는, 꼭 와봐야 하는 식당이다. 또한 음식점 창업을 계획하는 사람들도 어떻게 이런 일이 가능한지 공부하기 위해 꼭

와봐야 하는 곳이다.

특히 양평에 관광이나 휴양 차 오는 사람들은 양평 대표 맛집을 안 들르게 되면 지인들에게 '양평까지 가서 몽실도 안 들르고 뭐 했냐'고 핀잔을 들을 수도 있다. 이처럼 소비자를 만족시킬 수 있는 진정성 있는 차별화가 내 가게에 꼭 와야 하는 이유이다.

> **동군상인의 생각** **가성비가 대세인 세상**
>
> 상품의 가격대비 성능이 좋으면 가성비가 좋다고 하여 인기 있는 상품이 된다. 그와 같이 모든 사람도 각자의 가성비를 올려놓으면 인기 있고 대접받는 사람이 되지 않을까?

소셜 미디어로 고객과 실시간 소통하라

21세기는 인터넷을 통한 1인 미디어 시대다. 내가 확보한 고객 데이터 안에서 SNS로 소통할 수 있는 역량은 지금 시대엔 최고의 덕목이다.

SNS로 준비된 나를 알릴 수 있을 정도의 실력을 갖춰라. 세상이 좋아졌다. 옛날 같으면 우리 몽실식당도 동네 맛집으로 머물 수밖에 없는 식당이다.

그러나 지금은 제주도는 물론 미국, 캐나다, 일본, 아랍에미리트의 두바이 등에서까지 손님들이 찾아온다. 한마디로 SNS의 파급력이 대단하다. 여러분도 반드시 장사 시작 전이나 현업 중이라도 나

를 알릴 수 있을 정도의 실력을 갖추고 장사하기를 권한다.

　이제는 음식 실력만 갖고 덤비는 시대는 지났다. 자신의 실력을 홍보할 수 있는 미디어가 반드시 필요하다. 충분한 준비를 하고 SNS로 기회를 만들자. 물론 진정 중요한 것은 실력이라는 사실은 절대 잊어서 안 된다. 가끔은 주객이 전도되어 준비가 안 된 상태에서 욕심을 부리다 망하는 경우도 보게 된다.

　또 중요한 것이 스토리다. 그 스토리는 서민적으로 많은 사람들의 공감대를 형성할 수 있는 사람 냄새가 풍기는 내용이 좋다. 앞서 이야기한, 중화요리 전문점이 그 좋은 예이다.

　요리 솜씨에 걸맞는 스토리를 만들기 위해, 고객 판정단을 꾸려 자신의 음식과 토너먼트를 하며 소비자들과 소통하는가 하면, 패널들과 함께 짜장면 여행을 기획하기도 하고, 유명 중국집을 방문하여 그 일지를 SNS로 공개하는 등 스토리 마케팅을 시도하였는데, 귀추가 주목된다.

외식업에 종사하는 사람들의 푸념 중 하나는 '똑같은 식재료로 똑같이 만드는데 음식이 예전의 그 맛이 아니라며 등을 돌리는 분들이 많다'는 것이다. 이유인즉 아무리 맛난 것도 3번 이상 먹으면 물리기 마련이고, 맛집을 찾는 이들의 입맛은 점점 고급으로 진화하기 때문이다. 손님들에게 언제 먹어도 한결같다는 말을 듣기 위해서는 날마다 모든 면에서 조금씩이라도 좋아져야 한다. 오리가 물 위에서 유유자적한 것은 물속의 발이 쉬지 않고 움직이기 때문이라는 사실을 잊지 말자!

기본 수익 외 욕심은 금물

옛날에는 장사를 시작해서 밥만 먹을 수 있어도 감사했다. 그러니 싸고 푸짐했으며 맛이 좋았다. 그런데 어느 때부터인가 식당 부자·식당 재벌이 생기고, 외식업으로 부를 이룬 사람들이 많아지자 사람들의 마음에 거품이 끼기 시작했다.

그것이 망조의 시작이다. 너도나도 금광을 찾아 나서듯 외식업에 뛰어들어 과열 경쟁을 만들었고, 불량음식이나 산지 표시를 허위로 하거나 유통기한이 지나 버려지는 재료를 쓰는 불량한 사람들이 늘었고, 여기에 더하여 너무 큰 꿈을 꾸며 시작한다는 것이 가장 큰 문제다. 아무리 급해도 우물에서 숭늉을 줄 수 없고, 바늘허리에 실을 묶어 바느질을 할 수 없듯 금시발복은 있을 수 없다.

실질적으로 많은 대박집이 오랜 역사를 갖고 있다. 그들은 선대가 자식들 밥이라도 배불리 먹이려고 시작했으며, 고객 또한 자식 같이 형제같이 생각하며 밥을 나눈 것을 인정받아 지금에 이른 것이다.

물론 우리 몽실도 손익분기점을 넘기까지 시작부터 5년이 걸렸다. 3년은 완전히 적자를 봤고, 맛집으로 소문이 난 상태에서 2년 만에야 손익분기점에 다다른 것이다. 그리고 실질적으로 수익이 나기 시작한 것은 7년이 흐른 2년 전부터다. 그렇게 우리 몽실은, 기초 공사를 끝내야 건물이 올라가기 시작하듯, 기초를 충분히 닦았다. 그것은 애초에 큰 뜻을 품었기 때문이다. 만일 여러분도 외식업으로 성공하고 싶다면 최소 5년은 밥만 먹고 살고, 2~3년은 벌어서 가게를 키우는 데 필요한 부분에 써야 한다. 그렇게 느긋한 마음으로 먼 훗날을 내다보고 계획을 세워야 비로소 백년 기업에 도전할 수 있지 않을까.

철저하게 QSC를 실천하라

QSC Quality, Service, Cleanness를 철저하게 지키는 것은 기본인데, 기본이 뭔지도 모르고 외식업을 하는 사람들이 의외로 많다. 그들은 "열심히 하고 있고, 손님들이 음식도 맛있다고 칭찬하고, 가격도 싸며 푸짐하기 까지 한데도 안 된다."며 세상 탓을 하고 푸념한다.

그러나 그들의 가게를 방문해 보면 의외로 셋 중 하나나 둘, 아니면 셋 다 부실한 경우가 많다. 그런데 중요한 것은, 본인만 이 사

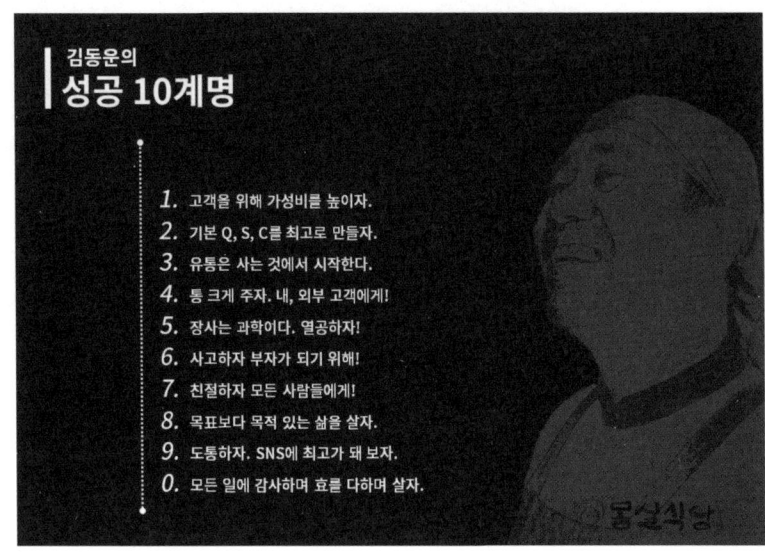

김동운의
성공 10계명

1. 고객을 위해 가성비를 높이자.
2. 기본 Q, S, C를 최고로 만들자.
3. 유통은 사는 것에서 시작한다.
4. 통 크게 주자. 내, 외부 고객에게!
5. 장사는 과학이다. 열공하자!
6. 사고하자 부자가 되기 위해!
7. 친절하자 모든 사람들에게!
8. 목표보다 목적 있는 삶을 살자.
9. 도통하자. SNS에 최고가 돼 보자.
0. 모든 일에 감사하며 효를 다하며 살자.

실을 모르기에 왜 망하는지도 모르고 망한다.

① Quality: 나는 도래창 개발을 위해 3년을 넘게 매일 삼시세끼 도래창으로 밥과 술을 먹으며 요리를 개발했다.

한때는 집사람이 도래창 냄새가 난다며 옆에 오지도 못하게 했을 정도다. 또 맛있는 고기를 팔려고 100군데가 넘는 고기 맛집을 찾아다니면서 맛에 대한 감각을 키웠고, 지금 인기 있는 몇 가지의 메뉴를 개발하기 위해 수백 가지 메뉴를 시연하며 지금의 맛집을 만들었다.

② Service: 음식도 맛있지만 서비스가 더 맛있는 식당!

고객의 인정은 그냥 이뤄진 것이 아니다. 직원들에게 인격적인 대접을 하고, 향후 독립할 수 있도록 경영수업을 통해 자질 향상에 도움을 주자 저절로 주인의식이 생기고 주인보다 더 주인 같은 직원이 되었다. '맛집이라 바쁜데 어떻게 이렇게 서비스가 좋냐'는 말을 듣게 되고, 대기업 인사팀장이 벤치마킹을 와서 감복하였으며, 많은 외식인들의 벤치마킹 대상이 되었다.

③ Cleanness: 식당의 생명은 청결!
음식이 아무리 맛있고 친절해도 지저분한 곳에서 음식을 먹고 싶은 사람은 없을 것이다. 나는 그것을 위해 주방을 완전히 오픈했다.
　결과는 과히 만족할 만하다. 조리과정 중 손님과 눈이 마주치는 직원들은 스스로 조심 또 조심하고, 소비자는 믿을 수 있어 좋아하여 일거양득의 효과를 거두었다.
　특히 경영에 대한 책임 의식이 강해진 직원들의 솔선수범이야말로 QSC의 완성을 위한 가장 큰 원동력이다.

전략 4 주인같은 직원 만들기

실력이 좋은 주방장이 사표를 쓴 이유

나는 무지 그 자체였던 사람이다. 장사치로 잔꾀만 있었지 깊이 있는 생각도 모자라고 안목이 없어 제대로 사람을 알아보지 못했다. 만사가 사람으로 시작해서 사람으로 끝난다는 사실을 몰라 무려 30년 넘게 직원들과 반목을 반복해야 했다.

'나는 그들에게 항상 잘해줬는데 그들은 나의 마음을 모른다. 어째서 그런 일이 있을 수 있는가?' 아무리 생각해도 도무지 이해가 안 되는 일이었다. 후에 깨달은 것이지만, 나는 항상 내 방식대로 직원들을 사랑한 것 같다. 월급을 많이 주고 부드럽게 대하며 교육도 시키고 했는데도 그들은 나를 좋아하지 않았다.

나중에 깨달았지만 그들을 진정으로 사랑했다거나 애정을 가지고 대하지 않은 나의 속마음을 들켰기 때문이다. 나는 30년 전에 식당을 할 때에도 다른 식당에 비해 월급을 더 주고 직원을 고용했다. 나름 남들이 안 하는 특별한 대우를 해준다고 생각하며 고용하여 사람을 썼다. 하지만 같이 일하는 동료나 친구 같은 개념이 아니었다. 하다못해 친인척이나 형제간과 일해도 나와 같은 사람으로 보질 않았다. 사장과 종업원 그 이상도 그 이하도 아니었다.

나름 장사도 잘하지만 일도 매우 잘하는 나의 눈에 차는 사람이 별로 없었기 때문이다. 그렇게 형제마저 나보다 못하고 부족한 사람으로 생각하니 어떻게 소통이 되겠는가? 30년을 줄곧 지시만 하고 원하는 만큼 일을 못하면 지적만 했지 상대방이 그럴 수밖에 없는 이유나 상황을 이해하려 들지 않았다.

"나는 되는데 왜 너희는 안 되는 거야?" 하며 직원을 못마땅하게 여기고 답답한 존재로 생각하며, 말을 잘 듣는 직원만을 원했으니, 얼마나 직원 때문에 속을 썩었겠는가. 많으면 많은 대로 적으면 적은 대로 속을 썩고 살았다. 한때는 직원이 꼴도 보기 싫어서 외식업을 포기하려는 마음도 먹었으니 어떤 심정인지 알 수 있지 않은가?

30여 년 전인 27살에 직원 20여 명을 두고 성남에서 한식집을 할 때다. 나름 전문식당을 한답시고 주방장만큼은 최고의 실력자로 쓰고 싶어 청량리에서도 최고 유명한 원조 홍릉갈비 주방장을 상당한 이적료까지 주어가며 스카우트해서 영업을 개시했다. 시작은 정말 좋았다. 30년 전에 성남에서 그렇게 파격적인 영업을 할 수 있는 사람이 나 말고 몇 안 되었다. 그 덕에 냉면과 갈비 맛집으로 대박을 치며 승승장구하다 사고를 치고 말았다.

27살의 나이에 사장이라고 40세가 넘은 주방장을 비롯해 나보다 나이 많은 직원들 누구에게나 반말로 '해라'를 했다. 건방이 들대로 든 결과다. 그러던 어느 날 주방장의 작은 실수를 보고 직원들 앞에서 아이들에게 하듯 심하게 야단을 쳤다. 그 결과는 참혹했다. 모멸감을 느낀 주방장이 직원의 절반을 데리고 사직을 하는 사태가 발생했다. 그러나 그때도 내 잘못은 생각하지 못하고 상대를 탓하며 사태를 직시하지 못하고 유야무야 넘어갔다.

그런데 문제는 시작에 불과했다. 주방장이 바뀌자 가려진 주방 안 소식을 단골손님들이 음식맛으로 먼저 알아봤다. 능력 있다는 주방장을 계속 고용했지만 싸가지 없는 주인이라는 인식 때문에 주방장들은 음식에 정성을 들이지 않았다. 결과는 손님이 점점 줄다 끝내는 폐점하여 엄청난 손실을 봤다.

그러나 그 후에도 아둔한 나는 깨닫지 못했다.

"월급 많이 주고 보너스도 잘 주는데 왜?"만 거듭했지 나에게 문제가 있는 것을 알지 못했다. 내 잘못을 깨닫는 데 무려 30년 세월이 걸렸다. 시쳇말로 엄청난 수업료를 지불하고 깨달았으니 참 아둔한 사람인 것만은 틀림이 없다.

이제는 직원을 가족으로 친구로 동료로 보려고 애를 쓰고 있다. 뭔가 지시보다는 귀를 열고 들으려고 질문을 많이 하는 편이다. 그리고 관찰하며 참고 참다가 어지간하면 스스로 깨우치기를 바라고, 가능하면 간접적으로 말하려고 노력하고 있다. 이 정도면 많이 깨우친 것이지만 계속 노력하려 한다. 이화여대 윤정구 교수님의 말이다.

"진정한 리더는 학습을 통해 배우는 사람이다."

직원과 하나 되는 방법

우리의 신체는 기막히게 조화롭다. 손이 하는 일을 머리가 알고, 머리가 가고 싶은 곳이 있으면 발이 알아서 나간다. 왼손이 아프면 오른손이 감싸고, 등이 가려우면 도구를 쓰든지 어디 비비든지 해

둘근 상인의 생각 특별 요리란 어떤 것?

세계 최고의 요리사가 만들고 세계 정상들의 만찬에서나 구경할 수 있는 요리? 아니다! 어떤 요리나 음식의 특성은 살리고 건강에 도움이 되며 대중의 입맛을 사로잡는 것이 특별 요리다. 그러면 그런 요리를 만들 수 있는 사람은 특별한 교육을 받은 요리사만 가능한가?

아니다! 모든 발명품이나 특별한 예술 작품이 그러하듯, 많은 실수나 실패를 통하여 학습한 데이터를 제대로 활용할 줄 아는 사람이다.

맛난 음식을 맛본 후에는 반드시 집에서나 가게에서 재현해 보자. 그리고 더 맛나고 건강에 도움이 되는 음식으로 키워 보자. 누구나 맛집으로 성공할 수 있다.

서 가려움을 해결하는 방법으로 스스로 도움을 준다.

이렇듯 직원들이 나의 수족과 같다면 얼마나 좋을까. 어떻게 하면 직원들과 한 몸 한 뜻이 될 수 있을까? 먼저 '작은 돈은 내가 벌지만 큰돈은 직원들이 벌어 준다. 나의 성공은 직원들에게 달려 있다. 직원들의 성공이 나의 성공'이라는 생각을 가져야 한다. 이런 마음으로 아래의 구체적인 항목을 실천하면 그들과 하나가 된다.

● 직원들을 진심으로 사랑하고 항상 감사하며 칭찬거리를 찾아 칭

찬을 자주 한다. 칭찬은 고래도 춤추게 한다고 하지 않는가.

- 직원들에게 어떻게 하면 더 많은 임금을 줄 수 있을까를 항상 고민한다.

- 직원들의 행복 지수를 끌어올리기 위해 노력한다.

- 업계 최고의 복지제도를 만든다.

- 열악한 근무조건 개선을 위하여 리스트를 작성하고 같이 노력한다.

- 노동법을 철저히 지키고 나도 직원이라 생각하며 그들의 입장에서 생각한다.

- 직원의 감동이 고객의 감동으로 이어진다는 것을 항상 명심한다.

- 직원을 형제 이상 자식 같은 마음으로 이해하고 어루만지려 노력한다.

- 직원 교육은 그들의 자부심과 자긍심을 높이는 데 80퍼센트, 업무관련 20퍼센트로 한다.

- 직원들의 미래설계를 위한 교육과 상담을 해준다.

- 직원들이 미래를 위하여 꿈을 갖고 책을 보는 독서 모임을 만든다.

- 직원들의 경영능력을 향상시켜 5년 이상 근무한 직원들에게는 물심양면으로 창업의 기회를 준다.

- 직원들의 애경사에 같이하며 가족까지 챙기려고 노력한다.

- 매일 아침 티타임을 통해 활기를 불어 넣고 하루를 열정으로 시작할 수 있게 도와준다.

- 직원의 인격을 존중하며 그들을 나와 동등한 인격체로 인정한다.
- 실직 후 복귀한 직원들의 경력을 인정해 준다.
- 전 직원 연락망을 만들어 퇴사 후에도 서로 소통하여 재입사를 유도한다.
- 직원들이 감사하는 마음을 가질 수 있도록 최선을 다한다.
- 회사의 성공이 나의 성공이라는 자부심을 가질 수 있도록 노력한다.
- 각자 맡은 일이 있지만 힘든 일, 어려운 일은 주인 자신이 한다는 마음 자세를 갖는다.
- 직원들이 신앙생활을 할 수 있도록 배려한다.
- 직원들과 격 없는 친구가 되어 준다.
- 직원이 잘못했을 때는 어떻게 할까? 침묵하고 또 침묵할 뿐이다. 그렇게 스스로 깨우칠 때까지 기다린다.
- 직원이 나의 생각을 오해하여 따르지 않을 땐 어떻게 하나? 그럴

동근상인의 생각 존재의 가치

이 세상에 필요 없는 물건은 만들어지지 않듯이 이 세상에서 불필요한 사람도 없다. 그러나 많은 이들이 자신의 사명(존재의 이유, 자신의 가치)을 모르고, 강시같이 영혼 없는 삶을 살고 있다. 내가 어디에 속하는 퍼즐 조각(고유성)인지를 정확히 알아 자신의 자리를 찾는다면 그는 이미 성공한 사람이다. 세상에는 3만 개가 넘는 직업이 있기 때문이다.

땐 어떤 해명보다 마음속으로 나는 너를 사랑한다고 계속 말한다. 그러면 어느 순간 그의 얼어붙은 마음이 봄눈 녹듯 녹고 풀릴 것이다.

직원들에게 꿈을 주어라

나는 직원들에게 희망을 준다. '당신들도 지금보다 더 큰 식당의 오너가 될 수 있다'고 가르친다. 물론 쉽지 않은 일이다. 그들은 이미 여러 차례의 실패로 지금 식당 종업원 생활을 할 수밖에 없는 처지이기 때문이다. 그들에게 새로운 도전은 '고통을 더 가중시키는 빚만 늘어나는 계기가 될 뿐 성공은 요원하다'고 말한다. 그런 사람들의 모임이 식당 직원들이다.

그들의 작업은 엄청 고되다. 어찌 보면 노동일보다 더 힘든 것이 식당일이다. 거기에 하루 12시간씩 일하고 나면 거의 풀죽이 되고 만다. 그런데 그 일을 끝없이 반복해야 하니 얼마나 죽을 맛이겠는가?

한마디로 죽지 못해 사는 그들에게 '조금만 지혜롭게 살면 강제 노역 같은 노동에서 해방이 될 수 있다는 희망을 주는 것은 그들에게 생명을 주는 것은 아닐까' 하는 생각을 했다. 나는 그들에게 내 어려웠던 과거를 이야기하고, 나는 혼자였기 때문에 더 힘들었지만 그들에게는 내가 있고 동료가 있다는 것을 알려준다.

"종업원 여러분이 독립할 준비를 갖추면 자본금 전액도 소액의 이자와 무담보로 대출해 주겠다. 독립할 때 같이할 친구를 만들어

같이 시작해라. 도움을 주는 친구도 도움을 주면서 창업하는 과정을 공부할 수 있는 절호의 기회다."라고 서로 간의 동료애를 잘 키우며 열심히 노력하여 창업 준비를 갖추라고 독려하는 것이 그들에게는 희망이 되고 꿈을 주는 것이다.

우리 직원들은 희망이 넘쳐난다. 펄펄 날아다닌다. 서로에게 잘하려고 엄청 노력한다. 이것이 '사람이 답'이라고 말할 수 있는 인간경영이다.

자식을 가르치듯 인내를 갖고 가르쳐라

많은 교육을 통해 사람들을 가르치고 변화를 유도하지만 아는 것만으로 사람이 변하지 않는다. 그러나 감동을 받으면 그들은 스스로 변한다. 나는 직원 교육을 하며 아이러니를 많이 느꼈다.

어떻게 한국 사람이 한국말을 그리도 못 알아들을까? 같은 말을 열 번 이상 해도 좀처럼 변화가 없는 그들을 보면 정말 마음이 아팠다. 그들에게 좋은 것을 알려주려고 그렇게 애쓰는데 어떻게 그리도 몰라주는지 정말 안타깝다 못해 미워지기까지 했다.

그러나 그들의 입장에서 보면 말도 안 되고 관심도 없는 소리를 하니 못 알아들을 수밖에 없었다. 서로가 힘든 시간을 보내야 했다. 그러면서 어느 날 깨달음을 얻게 되었다. '우리가 자식 교육을 할 때 조급해 본 적이 없었던 것같이 직원의 변화도 충분한 시간을 주고 기다리자.'

그리고 말보다 행동으로 가르치고, 같은 말을 짜증내지 않고 20번 이상 하되 진정 사랑하는 마음으로 하기로 했다. 우리 직원 중에는 나보다 5살 이상 더 많은 60세 초반과 중반을 넘긴 직원이 둘이나 있다. 그리고 2명은 20대, 3명은 40~50대다. 참 다양한 분포다. 그러다 보니 교육을 시키는 초점을 맞추기 힘들어 기본 교육만 했다.

그러나 최소한의 교육도 그들은 쫓아오지 못했고 해볼 생각도 안 했다. 나는 그런 그들을 이해한다. 몸과 마음이 지친 그들에게 교육은 또 하나의 노동이었을 것이다. 그래서 방향을 달리 했다. 그들이 듣든 말든 계속해서 말해 주고 또 말해 주는 것이다. 한마디로 세뇌시키는 방법으로, 그들이 힘들지 않을 만큼 말해 주는 것이다. 그 결과 그들은 언제인지 모르게 변화되었고, 지금은 남들이 부러워하는 직원이 되었다.

직원 관리를 힘들어하며 '가게를 접으면 직원 탓'이라고 말하는 주인 내외를 보니 성실하고 착한 사람들이었다. 다만 직원을 대하는 태도가 옛날 방식대로 주종 간이라는 인식이 문제가 되었다. 나는 우리 가게를 자주 놀러 오게 하여 나와 직원들의 관계를 엿보게 만들었다. 그러자 며칠 만에 질문을 해왔다. 사장님은 인덕이 참 많은 것 같다며, 어떻게 하면 그런 직원들을 뽑는지 알려달라고 했다.

그래서 나도 힘들었던 과거 얘기를 들려주고 '직원을 가족 중에 말 안 듣는 자식 대하듯이 하고 최고 매출을 올려주는 고객을 대하듯 해 보라'고 했다. 그렇게 몇 달이 지나자 직원이 변했다며 감사 인사를 하러 왔다. 그래서 변한 직원에게 특별한 인센티브를 주어 완전한 내 식구로 만들라고 알려 주었다. 지금은 주인보다 더 주인 같은 직원들 덕에 맘 놓고 여행도 다닐 수 있게 되었다며 행복해 한다.

직원의 실수를 용기로 바꿔라

세상을 살아가는 데 꼭 필요한 것 한 가지만 선택하라면 나는 용기를 택한다. 많은 사람들이 시작도 하기 전에 포기하고, 또 힘들게 시작해서도 작은 역경 앞에서 무릎을 꿇기 때문이다. 그것이 세상을 살아가는 데 가장 큰 장애물이라고 생각한다. 누구나 실수할 수 있고 실수를 통한 학습 효과로 성공이라는 길에 접어든다.

실수는 인생이라는 긴 줄 중에 작은 점 같은 일에 불과하다. 그런데 많은 사람들이 작은 점이 이어져 줄이 된다는 사실을 망각하고 그 작은 점에 걸려 넘어진다. 더 안타까운 일은 일어나지 못하고 포기하는 것이 더 큰 문제다. 나는 그것을 막기 위해 용기를 강조한다.

"괜찮아! 실수는 필요한 거야!"

결코 좌절하지 않고 실수를 통해 앞으로 나아가는 것이 성공으로 가는 길이다. 그래서 나는 직원들의 실수를 용기로 바꿔 주려고 노력한다. 실례로 좋은 그릇을 깨뜨리면 오늘 대박 나겠다며 좋아하는 모습을 보여줘 덜 미안하게 한다. 또 반복되는 실수를 해도 못 본 체 넘어간다. 실수가 그의 자존감에 상처를 줄 수 있기 때문이다.

그런 작은 배려가 그들에게 용기를 주고 무너진 자존감이 회복되는 계기가 된다. 자존감이 높은 직원은 남을 배려할 줄 알기에 직원 간의 분위기도 좋아지고, 더 큰 이익은 고객에 대한 친절로 이어진다. 이것이 바로 선순환 구조를 만드는 것이다.

그렇게 만들어진 용기 있는 직원의 독립으로 나머지 직원들의 동기부여가 되니 꿩 먹고 알 먹고, 도랑 치고 가재 잡게 되는 2중 효과를 낼 수 있다.

4단계

지속 가능한 성공전략

전략 1 **진화하는 가게만 살아남는다**

앨리스가 러닝머신을 더 뛰어야 하는 이유

살아 있는 세상의 모든 생물은 변화하는 자연환경에 적응할 수 있는 진화를 멈추는 순간 퇴화되어 소멸된다. 진화하는 것만 살아남을 수 있고, 그 생명을 유지 발전시키려면 진화는 계속되어야 한다.

가게도 마찬가지다. 스스로 좀 더 좋은 방법으로 진화하지 못하면 후발 주자에게 자신의 자리를 내줘야 한다. 토끼와 거북이의 경주같이, 토끼가 아무리 많이 앞서 있어도 잠시 낮잠을 자는 동안 거북이에게 추월당하지 않는가? 우리가 운영하는 가게도 똑같다. 한 번쯤은 러닝머신을 타 봤을 것이다. 세상이 돌아가듯 머신도 계속 돌아가는데, 힘들다고 멈춰서는 순간 나가떨어지고 만다. 수위를 조절할 수는 있어도 멈추는 것은 양육강식의 경쟁사회에서 용납이 안 되는 일이다.

동화 『이상한 나라의 앨리스』 이야기다.

앨리스가 붉은 여왕에게 묻는다.

"왜, 열심히 뛰어왔는데도 제자리걸음만 하고 있는 거죠?"

그러자 붉은 여왕은 대답한다.

"네가 열심히 뛰었으니까 지금 이 자리에 머무를 수 있는 것이란다. 이곳을 벗어나고 싶으면 2배로 뛰어라! 그래야 넌 이곳을 벗어날 수 있어."

그렇다. 우리는 삶이라는 러닝머신 위를 달리고 있는 것은 아닐까? 힘들다고 멈추는 순간 지금 자리에서 밀려나고 말 것이다. 그러면 어떻게 해야 할까? 주도적인 삶이 납이다. 러닝머신을 즐기면 된다. 자신의 체력을 길러 주는 도구가 틀림없으니까. 지금 나의 삶이 그러하다. 우리 직원들의 삶이 그렇다. 그러나 우리는 조만간에 러닝머신에서 내려올 것이다. 거기서의 준비운동은 끝났으니까 말이다.

어제보다 조금만 변화를 주자

성공한 사람들의 면면을 보면 하루아침에 성공한 사람은 없다. 많은 세월 동안 목적하는 바를 달성하기 위해 목표를 세우고 꾸준히 노력한 결과 성공했다는 사실을 누구나 다 안다.

4,285킬로미터. 누구나의 삶이자 희망의 기록인 『와일드』를 읽었다. 우리나라 계산법으로 하면 약 1만 리의 거리이다. 그러나 그것도 한 걸음부터 시작하듯이 변화를 위해서는 시작해야 하고, 시작의 끝은 완주이다. 지금부터 한 걸음씩 앞으로 나아가는 삶을 위해 자신을 혁신해야 한다.

혁신은 몸에서 가죽을 벗겨낸다는 뜻이다. 쉽게 상상하기 힘든 고통이다. 가죽을 벗겨내는 형벌을 과연 인간이 견딜 수 있을까? 그 고통을 누가 감당할 수 있단 말인가. 그러나 혁신을 비켜 가면 고통은 면하겠지만 결국 죽음을 면할 수 없을 것이다.

세상이 원하기 때문에 죽기 싫으면 변해야 한다. 어떤 방법으로

든 말이다. 많은 사람들이 성공하는 방법을 몰라서 안 하는 것이 아니고 무섭고 자신이 없어서 못하는 것이다. 그런데 누구나 쉽게 변할 수 있다. 자신을 너무 과소평가해 자신감 부족으로 시도도 해 보지 않고 포기하는 어리석음을 넘어서면 말이다.

"사람은 글과 말의 노예"라는 말을 들어봤는가?

성공은 머리와 가슴에 품고 있다고 이뤄지는 것이 아니다. 긍정적이고 전향적이며 희망에 찬 글을 써 놓고 그것을 매일 읽고 써보자. 그러면 자신도 모르게 원하는 방향으로 가게 되어 있다고 성공한 사람들은 얘기하고 있다.

하고 싶은 일이 있는가?
갖고 싶은 것이 있는가?

작은 실천을 하면서 글로 적고 읽어 보자. 정성껏 주문을 외우듯 반복해서 말이다. 언어학자들은 말에 언령이 있다고도 말한다. 자신의 말을 누가 가장 많이 듣겠는가? 사소한 말이라도 주의하자. 비판적인 말, 부정적인 말 등은 나에게 나쁜 영향을 준다. 자신의 말은 자신이 가장 많이 듣기 때문이다.

틈만 나면 중얼중얼 내가 갖고 싶고, 하고 싶은 일을 취한 것같이 긍정적으로 되뇌는 습관을 만들어 보자. 자신이 원하는 방향으로 작은 실천의 걸음을 하루에 한 발짝씩만 내디뎌 보자.

그것이 혁신의 시작이요, 변화의 시작이다. 어느 순간에 자신의 변한 모습을 보고 사람들은 놀라게 될 것이고, 혁신의 완성으로 성공의 길로 접어들 것이다.

사람이 가치관을 변화시키기는 어렵다. 행동이나 습관을 바꾸기는 더 어렵다. 그러나 작은 실천적인 노력과 글을 쓰고 그것을 반복해서 읽는 것은 어렵지 않다. 우리 쉽게 혁신하고 성공하자.

벤치마킹은 계속되어야 한다

사업을 하려면 가장 자신 있고 전문적인 것으로 시작해야 한다. 또한 벤치마킹을 통해 지피지기知彼知己하면 100점 만점에 최하 70~80점은 받아 큰돈은 벌지 못해도 수익성이 괜찮은 사업을 영위할 수 있다.

예를 들어 외식업을 시작할 때 잘되는 장사나 품목 또는 잘나가는 체인점으로 시작하면 '돈도 벌고 최하 밥은 먹겠지'라고 생각하지만 그것은 판단착오가 될 수 있다. 보통 그렇게 쉽게 생각하고 시작한 70~80프로의 사람들은 2~3년 안에 가게를 접으며 많은 돈을 까먹는 경우도 있다. 이외에도 유행을 따라 하는 것도 안 될 가능성이 있고, 잘되는 집을 그대로 따라 하는 것도 아류로 취급받는다.

외식업은 전문가가 하는 사업이다. 한마디로 음식과 원자재의 전문성이 없다면 경쟁력이 부족한 사업이다. 그리고 시작했다면 자신이 국내 최고라고 자부할 수 있는, 진짜 맛있게 할 수 있고 잘할 수 있는 음식으로 승부를 걸어야 한다.

그런데 최고의 음식을 만들 수 없으면 어떻게 해야 할까? 이미 시작했으므로 그때는 자신이 가장 좋아하는 음식으로 승부를 걸어야 한다. 김치찌개나 된장찌개 등과 같이 흔한 음식이라도 말이다.

그것은 벤치마킹을 통해 계속 개발할 수 있고, 흔한 음식일수록 많은 사람들이 선호하는 대중 음식이며 쉬운 음식이라 특별히 맛있는 집이 드물어 오히려 쉬울 수도 있다.

여러 곳에서 아주 사소한 음식을 가지고 성공한 사람들도 많으니, 그것을 조금만 특별하게 만들면 성공하기 쉽다. 장사가 안 되는 사람들의 가게를 보면 음식의 감동은커녕 가격 대비 소비자 만족도가 떨어지기 때문인데, 우물 안 개구리처럼 단골로 오는 몇몇 손님들의 칭찬에 안주하는 경우가 많다. "손님들이 우리 음식이 맛있다고 하는데…", "내가 봐도 괜찮은 것 같은데…" 하며 답답한 말만 되풀이한다.

분명 맛있는 집이 잘되는 것이겠지만, 반대로 '잘되는 집이 맛있다'라는 역발상도 필요하다. 그래서 시작 전에 벤치마킹으로 나의 음식 수준과 가격을 비교해 보고 오픈을 하면 실수가 없고, 이미 시작했어도 가능하면 빨리 벤치마킹을 통해 나만의 킬러 메뉴를 개발해 국내 최고의 맛집으로 변화를 꾀해야 한다.

벤치마킹은 남의 특별한 메뉴나 시스템과 장점을 가져와 나의 것과 융합시켜 나만의 것을 창조하는 것이다. 그런데 보통은 수박 겉 핥기 식으로 해서 진짜를 찾아내지 못하는 경우가 많고, 혹여 찾아내도 베끼는 정도에 만족하고 만다. 벤치마킹은 최소 3번 이상 가서 다양한 측면에서 장점을 파악해야 한다. 가게 문밖에서 그 곳을 찾은 고객들에게 무슨 이유로 이 집을 방문하는지 물어 보아서 내가 못 보는 점을 발견하는 것도 하나의 방법이다. 또는 주인에게 진솔하게 물어 보는 것도 방법일 수 있다.

"너무 어렵고 힘들어 왔으니 도와 달라"고 진심을 다해 물어 보라. 성공한 맛집 사장들은 자신의 성취에 대한 자부심이 강한 사람들이 많다. 그들은 자랑과 더불어 친절하게 창업 시기에 힘들었던 일부터 문제점 등 운영의 묘미와 어려운 점을 약 70~80퍼센트 이상 말해줄 것이다. 그것을 나의 장점 30퍼센트와 제대로 융합하면 그것이 제대로 하는 벤치마킹이요, 퓨처마킹의 시작이다.

명화나 골동품 등 진짜 멋진 작품의 특성을 보면, 첫째는 아름다움이요, 둘째는 하트터치요, 셋째는 욕망과 판타지이다. 이 3가지는 세월이 변해도 사람들 마음에서 지워지지 않으며 엄청난 가치를 창출한다. 세월이 흐르면 흐를수록 가치는 더해져 명품이 되는 것이다.

나는 삼겹살 하나를 론칭하기 위해 전국의 고깃집을 100여 군데가 넘게 벤치마킹했다. 멀리는 제주도에서부터 남한 곳곳을 많게는 하루에 10곳을 돌아보며, 유명하다는 식당은 거의 다 찾아갔다. 여러 곳의 장점을 하나로 모았으며, 거기에 나만의 것을 접목하는 방법으로 새로운 메뉴를 개발하여 지금의 '몽실'을 만들었다. 그러나 지금도 일주일에 한두 군데 이상 벤치마킹하며 연구와 개발을 멈추지 않고 있다. 다시 한 번 강조한다.

벤치마킹은 영업 개시 1년 전에는 시작해야 한다. 자신과 가족의 생계가 달린 사업이다. 벤치마킹을 하며 1년을 고민하면 평생 고민할 일을 털고 가는 것이다.

> **둥근상인의 생각** **벤치마킹에서 퓨처마킹으로!**
>
> 벤치마킹은 계속해야 한다. 그러나 남의 것을 흉내내는 차원을 넘어 창의성을 더해 전혀 새로운 상품이나 시스템을 개발하는 퓨처마킹future marking으로 나아가야 한다.

선택과 집중의 힘

21세기의 성공 키워드 가운데 하나가 '선택과 집중'이다. 어떤 일을 하고 있는가! 과연 하고 있는 일에 성과가 매번 나타나고 있는가?

외식업을 하는 사람들에게 물어 보고 싶다. "지금 하고 있는 장사가 잘되고 있는가?"

잘되는 사람들에게는 박수를 쳐 주고 싶다. 그러나 안 된다고 힘들어 하는 사람들에게도 대안을 주고 싶다. 세상의 모든 성과는 인과 법칙에 준한다. 즉 안 되는 것은 뭔가 부족한 부분이 있고, 잘되는 데는 잘되는 이유가 있는 것이다. 모든 부분이 100퍼센트 자기 책임이다. 점검해 보자. 몸은 딴 짓을 하며 말로만 집중하고 걱정하며 최선을 다하고 있다고 착각하고 있는 것은 아닌지 말이다.

어떤 일이나 손을 쓰며 집중해야 다양하고 창의적인 아이템이 쏟아져 나온다. 그것은 시도를 통해 경험치가 쌓이기 때문이다. 그래서 내가 한 만큼 틀림없이 성공하게 된다. 이런 말이 있다. 실패와 성공의 차이는 집중도의 차이라고. 실패하는 사람들은 이것저것 벌려놓고 바쁘다는 말과 힘들어 죽겠다는 말만 되풀이한단다. 이것은 어느 한 가지에 집중하는 것을 두려워하기 때문이다. 자신 없는 일을 시작하고 대충 하니 어느 것 한 가지도 완성하지 못하는 것이다. 그러나 성공한 사람들은 어떤 일이나 중요한 것과 급한 것을 구분해 놓고 중요한 것부터 하나씩 하나씩 완성하고 다음 일을 시작한다. 한마디로 집중도가 높아 완벽하게 일처리를 한다.

나는 브레인스토밍으로 문제를 해결하는 경우가 많다. 좀 더 성과를 내기 위해 그 문제를 놓고 어찌하면 잘할 수 있을까를 스스로 물어 보고 가장 적절하다고 생각하는 답을 20개 만든다. 그러나 처음 숙달될 때까지는 10문항도 힘들었다. 또 어찌어찌 18~19문항까지는 가는데 마지막 20번째는 정말 깊이 생각해야 답이 나온다. 그러나 마지막에 최고의 답이 있는 경우가 가장 많다. 나는 20개의 답 가운데 가장 중요하다고 생각하는 것부터 한 가지씩 실천하며, 문제가 생길 때마다 20개의 답을 만들어 실천한다. 그렇게 시간은 흘러갔고 어느 순간 특별하고 남다른 아이디어로 장사를 하고 있다. 지금 하는 일을 세분화하고 20개의 답을 만들어 보자. 그리고 중요한 일부터 하나하나 처리하다 보면 어느 순간 대박을 치는 가게를 운영하는 자신을 보게 될 것이다.

많은 외식업소에서 테이크아웃 판매로 부수입을 올리고 있다. 한마디로 틈새 매출을 위한 마케팅으로 괜찮은 방법이다. 그러나 좀 더 효율적인 방법을 통해 수입과 가게 홍보를 동시에 할 수 있다면 좋지 않을까? 우리 몽실식당의 판매 방식을 공개한다. 갈치속젓, 된장, 고들빼기김치와 양념불고기를 특화시켜 포장 판매를 시작한 지 오래되었다. 그 결과 부수입으로 비싼 반찬 값의 원가 부담이 줄어 반찬의 수를 늘릴 수 있었고, 나아가 충성고객이 늘고 소비자가 우리 음식에 익숙해져서 반찬이 떨어지면 재방문하니 일거양득의 마케팅 전략이 되었다.

	小	大
갈치속젓	7,000	12,000
고들빼기	7,000	12,000
된 장	10,000	25,000

몽실의맛은 국내산 최고급 식재료만 사용합니다.

성공하고 싶으면 공부하라

많은 사람들이 나를 보고 성공했다고 한다. 하긴 매출이 매년 20퍼센트씩 늘어나고 7년 전과 비교하면 평균 매출이 15배가 되었으니 성공했다고 말할 수 있다. 많은 사람들이 도래창 요리 하나를 개발해서 성공했다고 쉽게 생각한다. 하지만 그것을 가지고 10년 이상 몸부림쳤고, 3년 동안 식사 때마다 먹어 가며 몸에 좋고 맛있는 음식으로 만들기 위해 노력한 사실은 잘 알려져 있지 않다. 그리고 인과의 법칙대로 시작한 지 13년 만에 대박식당이 되었다.

그러나 몽실식당은 이제부터라고 감히 말하고 싶다. 이 말에 사람들은 "장사가 조금 된다고 건방이 하늘을 찌른다. 네가 이 불경기에 언제까지 잘되는지 지켜보겠어"라고 말하며 반감을 갖는 사람도 있을 것이다.

그러나 나는 자신 있다. 수학문제를 풀 듯 공식을 알고 있고 답도 이미 나와 있다. 이것은 내가 성공할 수 있도록 만든 공식이다. 나는 장사 경력만 약 40년으로 결코 짧지 않은 장사 경험을 가지고 있다. 그 덕에 나는 어떤 품목의 장사를 해도 꽤 잘하는 사람이 되었고, 장사를 시작하면 대박치는 가게를 만드는 공식(비결)을 알게 되었다.

그런데 10여 년 전부터 내가 아는 공식이 안 들어맞기 시작했다. 나는 그 이유를 도저히 이해할 수 없었다. 이제까지 딱딱 들어맞던 답에 오차가 발생했으니 이해가 안 갈 수밖에 없었다. 그러다 보니 나도 어느 순간 경기가 안 좋아서, 정치인들이 정치를 못해서라고 외부적인 핑계만 대고 있는 것이 아닌가. 나는 무려 3년 동안 답을 못 찾고 애써 벌어 놓았던 돈을 거의 다 까먹었다.

그러다 어느 순간 답을 찾았다. '실패는 외적인 문제도 있지만 나에게 문제가 더 많았다. 변화하는 세상에 대한 지식이 너무 부족했다. 소비자의 니즈, 트렌드도 파악하지 못하고 옛날 방식을 고수하며 장사를 하니 뭐가 되겠는가?' 나는 좋은 것은 바로 시작하는 습관이 있어 그때부터 책을 보기 시작했고, 벤치마킹을 하며 배울 기회만 주어지면 무엇이든지 공부하러 다녔다. 그리고 국민대학교 최고경영자과정을 수료했다. 그러면서 새로 얻은 지식대로 가게 리모델링과 벤치마킹을 통해 도래창을 더 맛있게 개발하고 SNS 마케팅을 도입하자 가게는 하루가 다르게 변했다.

이것이 공부의 효과다. 요즘은 일주일에 최하 1권 이상의 책을 읽으려 노력한다. 그러기에 내 가게가 지금보다 10배 아니 100배의 성장을 이룰 수 있다고 자신할 수 있다.

　2012년 매출액 10조 원을 달성한 이랜드 창업주며 현직 회장(박성수)과 나는 같은 시기에 거의 같은 지역이라는 비슷한 조건으로, 그는 청바지 보세로 영업을 하고 나는 해장국 집으로 영업을 시작했다. 그런데 누구는 연매출 10조 원을 달성한 대기업 회장이 되고, 누구는 하루 매출을 걱정하는 처지가 된 이유는 무엇일까? 박성수 회장은 창업 전에 500권 이상의 책을 읽고 시작했으며, 어떻게 하면 좋은 제품을 좀 더 싸게 소비자에게 공급할 수 있을까 하는 고객 입장에서 고민하며 장사를 시작했고, 나는 장사를 쉽게 생각해 어떻게 하면 좀 더 마진을 많이 남기고 많이 팔까 만을 생각했다. 그런 차이가 오늘날 박 회장과 나의 차이를 만든 건 아닐까?

　나도 이젠 변했다. '어떻게 하면 소비자에게 건강하고 맛있는 최고의 음식을 먹게 하고, 더불어 힐링까지 가능하게 할까'에 대한 나의 노력은 계속될 것이고, 더불어 가게는 계속 성장할 것이다.

스터디 교육으로 장사를 배운다

나는 장사 경력만 40년이 넘는 베테랑 상인이다. 그렇게 남들에게는 큰소리치며 컨설팅도 해주고 코칭도 해주지만 항상 부족함을 느낀다. 더 많은 것이 알고 싶어 열심히 책을 보며 공부하고 있다. 하지만 아무리 노력해도 답답함을 해소하지 못하고 두렵기까지 한 상황이 바로 지금이다. 바로 L자형의 장기불황이 계속되며 큰 파도(4차 산업혁명)가 이미 도래했지만 현재의 경기를 타개할 마땅한 대안이 없어서다.

지금까지 남들에게 코칭을 해오면서 종종 내가 아는 지식만으로 한계를 느낄 때가 있었다. 그래서 정부가 지원하고 장안대학교가 교육하는 외식 프랜차이즈 달인과정을 알자마자 바로 등록했다. 그리고 이번에는 아내와 함께 등록했다. 가게는 부부 공동경영이므로, 서로 생각이 같아야 어떤 일을 하더라도 시너지가 클 것이라는 판단에서다. 어쨌건 첫 수업시간부터 충격과 환희의 5개월을 보냈다.

그동안 잘못 알고 있었던 부분을 제대로 알게 되었고, 알고 있었던 부분은 확신과 더불어 보완하는 시간이 되었다. 그렇게 한 주 한 주 18주의 수업을 이수했다. 그중 일본연수에서 정말 많은 것을 보고 배웠다.

첫째, 행운의 여신이 돌봤는지 일본에서 '장사의 신'으로 통하는 우노 다카시 선생을 만나 현장교육을 받고, 그가 운영하는 20년이 넘은 가게에서 저녁 겸 만찬도 즐겼다. 그런데 그 가게는 특이한 점이 많았다. 가게 규모나 입지며 동선 등이 우리가 우선하는 조건들을 무시하고 있었다. 가게는 B~C급 상권으로, 출입하는 것도 불편한 지하에서 초대박을 터트리고 있었던 것이다. 직원들의 일사불란한 서비스는 내가 추구하는 가게 운영의 법칙으로, 이는 세계 어딜 가나 똑같다는 것을 확인했다.

우노 다카시 선생은 "이 점포는 수익뿐만 아니라 직원들의 성공을 위한 교육장도 된다"고 했다. 그 가게를 '우노 도장'이라고 부르는 이유를 알 수 있었다.

둘째, 화장실이 깔끔했다. 좁은 공간을 잘 활용했고, 깨끗하게 관리하고 있었다. 이런 모습은 일본의 어디를 가나 한결 같았다.

셋째, 가게도 큰 것보다는 작은 것이 더 많았는데, 알뜰하게 운영하는 모습을 보면서 역시 작은 가게가 대세임을 느꼈다. 어떤 곳은 의자만 6개를 놓고 바bar 스타일로 장사하는데, 손님들과 의사소통이 잘 이뤄지고 있었다. 우리나라도 일본 못지않게 임대료와 인건비가 비싼 곳이 아닌가? 작은 규모로 시작해서 크게 키우는 것이 답인 것 같다.

넷째, 시장 노점에서 식사를 했는데, 노점도 새로 온 손님보다는 먼저 식사하는 한 명의 손님에게 정성을 다했다. 그가 최대한으로 편하게 식사하도록 배려하고 순차적으로 고객을 접대하는 모습이 인상적이었다.

다섯째, 400년이 넘은 재래시장 안에 작은 생산기지를 둔 상점들과 1,000년 떡집 등을 보면서 역시 대형 자본에 대항할 수 있는 방법은 핸드메이드뿐임을 느꼈다. 즉 나만의 것을 개발하지 못하면 우리 재래시장과 가게도 한계에 봉착할 것이라는 답답함과 살아남아야겠다는 의지가 동시에 불붙었다.

여섯째, 여행 내내 조끼리 분임토의를 했는데 정말 최고였다. 그날그날 각자가 보고 느낀 내용을 가감 없이 끄집어내어 집중토론을 거쳐 다시 각자의 것으로 만드는 귀중한 시간이었다. 같은 지역에서 동종의 사업을 하면서 친해지기 힘든 사람들과도 더없이 친해져 서로 좋은 정보를 공유할 수 있게 된 것도 큰 수확 가운데 하나다. 그래서 수료 후에도 모임을 만들어 정보를 공유하고 가르치고 배울 계획이다. 작은 지역모임으로 시작하지만 전국을 아우르는 모임으로, 서로에게 도움이 되고 이익이 되는 모임으로 발전했으면 좋겠다.

둥근 상인의 생각 　배우가 되어 보자

인생은 연극이라 하지 않는가? 그렇다면 이제부터 내 인생을 내가 직접 연출해 보자. 배역을 내가 원하는 것으로 정하고, 똑같은 연기를 해보면 신기한 일이 생기게 된다. 실질적으로 내 자신이 그렇게 변하는 것을 보게 될 것이기 때문이다.

멘토를 찾아라. 성공이 쉬워진다

내가 지향하는 캐릭터는, 지금은 타계하고 이 세상에 안 계시지만 많은 사람들의 가슴속에 살아 있는 두 분, 아동문학가 권정생 선생님과 김수환 추기경님이다. 두 분은 나의 멘토로, 내 삶의 중요한 결정과 최종 승인을 해주시는 결재권자이기도 하다.

나는 오래 전부터 두 분을 알고 살아 왔다. 또 좋아하고 존경했다. 닮고 싶어서 그분들을 '큰 바위 얼굴'로 정해 놓고 매일 바라보고 있었다. 초등학교 시절 큰 바위 얼굴에 대해 교과서에서 배운 적이 있다. 그 후 큰 바위 얼굴을 찾으려고 노력했으나 마땅한 얼굴을 만나지 못하여 잊고 지냈다. 그러던 중 30대 중반에 두 분을 우연한 기회에 알게 되었다. 처음에는 그냥 좋았다. 그러다 존경으로 발전하고 닮고 싶은 인물로 진화하기까지는 또 10년이 넘게 걸렸다.

아동문학가인 고故 권정생 선생님은 생전에 살아 있는 성인이라는 말을 들었던 분이다. 보통사람들은 흉내내기 힘든 삶을 살다 자신의 고향인 천국으로 돌아가셨다. 그분을 처음 알았을 때 나는 깜짝 놀랐다.

어떻게 이런 삶을 살 수 있었을까? 꽤 많은 인세가 들어오는데도 자신을 위해서는 한 달에 기껏 5만 원의 생활비로 살았다는 것이 도저히 이해가 되지 않았다. 선생님은 폐결핵과 늑막염으로 각혈과 피고름을 한 종지씩 받아내며 엄청난 고통과 싸웠다고 한다. 그

실패는 결코 실패가 아니다

양평, 몽실식당 〈김동운 대표〉

글 | 최안선

천재상인 김동운대표. 그는 몽실언니의 저자인 권정생선생의 뜻을 기리는 마음으로 식당 이름을 몽실식당이라고 했다고 한다.

천재상인이라는 이름이 불러주기 전, 김동운대표는 네 번의 큰 우여곡절을 겪는다. 젊었을 때 사기를 크게 두번 당하고, 사업에 실패를 한번 하고, 보증을 서서 크게 손해를 입고, 총 네 번째이나 망하고 나서 원상복구를 위해 더욱 열심으로 최선을 다해 일했던 김동운대표의 한마디가 필자의 심장에 콕콕 박혔다.

"실패가 실패가 아니다."

실패를 딛고 일어설 수만 있다면 큰 자산이 된다. 사기 당하고 사업 실패한 것들이 더 성장할 수 있는 계기와 자양분이 되었다. 확신에 차 이야기 해주는 김동운대표의 눈빛과 얼굴빛에서 에너지가 반짝 반짝 느껴졌다. 조심스럽지만 리얼한 질문을 던졌다. 한달에 평균매출이 어떻게 되시는지를. 30평남짓 매장에 한달 평균매출이 7,000만원이 넘는다고 했다. 매출이 오르는 비결이 뭐냐는 질문에 그는 "직원들이 친짜 잘해요"라는 첫마디를 꺼낸다.

과거에는 직원들을 나무랐다. 우여곡절을 겪던 어느날, 직원들한테 인격적인 대접을 해야 겠다는 생각을 했고, 그 이후로는 직원들한테 존칭을 써 주었다. 호칭을 바꾸면서 대인 자신이 먼저 변해 갔다. 잔소리가 아닌 칭찬과 교육을 통해 내부 인원들의 결속과 신뢰를 다져갔다. 아침 티타임시간에는 서로 희망을 갖고 꿈을 나누고 비전을 소유하게 되는 시간으로 보낸다. 미션과 비전을 다지는 시간이기도 하다.

현재 직원은 6명 그리고 사장 1명. 7명 모두가 사장이다. 소상공인 멘토링을 재능기부로 하고 있는 천재상인 김동운대표와 협력해서 도운 가게들이 사업이 잘 되게 되면, 초건부로 기부를 하게 하는 그의 시스템이 열매를 많이 맺고 그 씨앗이 흩뿌려되어 또 다른 씨앗을 잉태하길 기대해 본다. 나눔과 기부를 실천하는 사람 김동운 대표 그가 힘주어 하던 말이 내내 귓가에, 가슴에 맴돈다. "나를 위해 일하면 소위 속된 말로 세가 빠지게 일하게 되지만, 이웃을 위해 일하게 되면 하늘이 돕는 것 같다. 진정성이 있으면 시간싸움이지!"

몽실식당
주소 경기 양평군 양평읍 양평창터길 9-1
전화 031-771-9296
010-3019-2295

몽실식당, 천재상인 김동운 대표

런데도 자신을 위해서는 약 한 첩 쓰는 것을 벌벌 떨며 아끼시면서 배고픈 아이들의 배를 채워 주라고 전부를 내어 주신 살신성인의 삶은 감동 그 자체였다.

그러나 내게 선생님은 너무 먼 당신으로 다가갈 수 없어 그저 바라만 보고 있었다. 고작 가게 상호를 선생님의 작품『몽실언니』에 착안하여 '몽실식당'으로 짓고, 그분을 생각하는 마음으로 조금 더 정직하게 장사하고, 서스펜디드 운동과 유니세프에 총 매출의 0.5 퍼센트 등, 몇몇 자선 단체까지 합하여 순수익의 20퍼센트를 넘게 기부하고 있다. 그리고 지금은 한 발짝씩 더 나아가 무료 코칭과 컨설팅으로 성공을 도와주고, 같이 기부에 동참할 사람들을 모으고 있다. 거기서 기적 같은 일이 일어났다. 기부를 시작하자 이전보다 장사가 훨씬 잘 되어 더 많은 수익을 올릴 수 있게 된 것이다. 좋은 마음이 이익의 선순환을 가져다준 것이다.

고 김수환 추기경님은 내 신앙의 중심이다. 사적으로 같은 종씨라는 점이 인간적인 마음으로 닮을 수 있을 것이라는 희망을 준다. 물론 어림없는 줄 알지만 죽을 때까지 최선을 다한다면 사람들에게 그래도 꽤 노력했다는 말은 듣지 않을까?

인생의 성공을 원하는 사람들에게 알려 주고 싶다. 지금은 정직하고 남을 배려하며 더불어 살 줄 아는 사람들이 성공하는 맑은 세상이다. 성공하고 싶으면 남에게 도움이 되는 삶을 살 수 있어야 하는데, 나의 성공은 정말 훌륭한 두 분의 멘토 덕이라 생각한다.

둥근 상인의 생각 위기는 기회이다

위기는 고통이다. 나는 그것으로 죽음 직전까지 가봤고 고통을 동반한 삶을 오랫동안 살아야 했다. 그러나 위기는 면역력(힘)을 키워 준다. 더 큰 위기가 왔을 때 견딜 수 있는 힘과 새로운 삶을 살아갈 수 있는 기회를 준다. 반대로 스스로 위기를 만드는 것은 기회다. 이것도 고통을 동반한다. 그러나 그 고통은 희열을 느끼게 해주고, 내구력과 특별한 선물(성취)까지 준다. 나는 수많은 위기(기회)의 산물이다. 고통은 무엇인가(대가)를 준다. 감사하자.

슈퍼 마인드, 넌 누구냐?

'슈퍼 마인드'는 확신에 찬 믿음으로 무한한 잠재의식을 깨우는 것을 말한다. 이루려는 것을 상상하며 감사하고 흥분하면 잠재의식의 키가 작동하기 시작한다. 인간의 뇌는 20세기 최고의 물리학자 아인슈타인도 5퍼센트 밖에 사용하지 못했고, 평범한 사람은 2~3퍼센트만 사용하고 죽는다는 연구가 있다.

얼마나 아까운가? 지금부터 잠자고 있는 뇌를 사용하는 방법을 배워 우리도 성공해 보자.

의식은 우리가 생각하는 곳이다. 외부에서 발생하는 정보를 받아 나에게 이익이 될 것인지 아닌지를 분석하고 판단하는 기관이다. 그러나 의식의 창고는 그리 크지 않아 저장하는 데 한계가 있다. 다행스럽게도 우리에게는 잠재의식이라는 창고가 있다. 그곳에는 우리 조상들이 오랜 시간 습득하여 자손에게 전달한, 살아가는 데 꼭 필요한 엄청난 양의 생존본능 정보가 체계적으로 깊숙이 저장 보관되어 있다.

그러나 그것을 꺼내 쓰려면 목숨을 걸 만한 목표가 있어야 하고, 목표에 집중하는 순간 보관되어 있던 귀중한 정보들이 필요할 때 딱딱 맞춰 나오게 된다. 그것은 자신의 종족을 보존하기 위한 최후의 수단이기 때문이다. 그래서 진실로 필요를 느끼고 그것에 몰입하면 그 정보를 어디선가 찾아다 주는데, 이것이 바로 무소불위의 슈퍼 마인드다.

나는 그동안 많은 것을 슈퍼 마인드를 통해 얻었지만 그것도 불과 2~3퍼센트에 불과하다. 그래서 나는 더 큰 목표를 잡고 집중한다. 조만간 지혜의 문이 열려 더 많은 정보와 힘이 실리게 될 것이다.

많은 사람들이 "세상 일이 마음먹는 대로 되면 못할 게 뭐가 있어?"라며 성공하는 사람이 따로 있다고 생각한다. 그들은 꿈과 목표를 세우고 얼마나 꾸준히 집중했을까?

슈퍼 마인드의 대표적인 사람을 꼽으라면, 현대그룹 창업주 고 정주영 씨가 아닐까? 그의 어록 중에 "임자, 해보기나 했어?"라는 말이 있다. 그는 무한한 슈퍼 마인드의 힘을 누구보다 잘 알고 있지 않았나 생각한다.

나는 그 힘을 알기에 장사가 잘될 것을 믿었다. 그러자 장사가 잘될 수밖에 없는 요건들이 하나하나 충족되면서 수입이 몇 배로 늘어났다.

낚싯대 한 번 잡아보지 않고 '낚시 기인'이라는 호칭을 받고『월간 낚시』와『낚시 춘추』라는 잡지에 매달 기고를 하는 칼럼니스트가 되었다. 또한 누구에게도 음식 만드는 것을 제대로 배운 적이 없는 문외한이지만 나의 절실한 마음이 내 생존본능에 깊이 들어 있는 슈퍼 마인드를 움직여서 번쩍이는 아이템으로 국내 최초로 도래창을 개발할 수 있었으며, 다양한 음식을 더 개발하여 먹방에만 30여 차례나 나오는 쾌거를 이루었다.

그리고 이제는 강의와 책 쓰는 것에 집중하자 최종 학력이 중졸인데도 뜻밖에 생각할 수 없는 글들이 쏟아져 나오고 있다. 이외에도 5명 이상 모인 곳에서는 노래도 못하던 내가 수백 명 앞에서도 아무렇지도 않게 강의를 하는 것을 보면 그 힘을 믿을 수밖에 없다.

이제 나는 더 큰 꿈을 꾸기 시작한다. 왜? 꿈을 꾸고 집중하면 이루어진다는 사실을 확인했기 때문이다.

많은 사람들은 이 글을 읽고도 이해가 안 될 것이다. "되는 사람이나 되지 다 되면 성공 못할 놈이 어디 있나?"라고 체념할 것이다. 그러나 시도를 한번 해보면 어떨까? 일단 꿈은 한번 꿔 보자. 꿈꾸는 것은 공짜고, 밑져도 본전이니까.

누구나 갖고 싶고 이루고 싶은 일이 한두 가지씩은 있다. 그러나 "송충이는 솔잎만 먹고 살아야지, 괜히 욕심 부리다 있는 것마저 뺏기면 어떡하나" 하는 두려움 때문에 시도조차 못해 본 사람들은 시도를 한번 해보자. 비록 나의 역량이 1퍼센트에 불과할지라도 될 것이라고 믿는 마음으로 99퍼센트 더해 100퍼센트를 채워 시작하면 된다.

자, 출발하자. 새로운 세상을 위해! 목적의식을 갖고 목표를 세우고 집중해 보자. 성공한 것에 감사하고 성공을 이룬 모습을 상상 속에서 바라보며 믿고 즐기자.

자신의 역량이 어느새 100퍼센트에 와 있는 것을 느끼게 된다. 그때 내 것을 주워 담듯이 나의 것으로 만들면 그만이다. 그것은 원래 나의 생존본능에 있었던 슈퍼 마인드니까!

행복한 가정이 성공의 비결

작지만 세상에서 가장 중요한 공동체 '가정', 그 가정을 올바르게 꾸리면 아름답고 행복하며 복의 근원이 되지만 반대의 경우 원망과 분노가 쌓여 불행의 텃밭이 되기도 한다. 또 사람에게는 가정 선택의 권한이 없다. 어떤 사람은 올바른 가정에서 태어나 행복하고 건강한 삶을 영위하지만, 어떤 이는 누구도 바라지 않는 가정에서 태어나 불행과 고통 속에서 처참한 삶을 살며 또 다른 불행을 잉태한다. 어떻게 하면 이 불행을 멈추고 누구나 바라는 행복한 가정을 만들 수 있을까?

첫째, 부부가 각자 자신을 지극히 사랑한다.
둘째, 부부가 서로를 인정하고 존경하며 사랑한다.
셋째, 자식을 소유물이 아닌 하나의 인격체로 대하고 자부심이 높은 아이로 양육하여 어려움이나 새로운 도전에 두려움 없는 아이로 키운다.

위 사항은 많은 재물이 필요한 것도 아니다. 자신의 의지만 있으면 누구나 행복한 가정을 꾸려 갈 수 있다. 그런데 자신은 되지만 배우자가 안 되면 어떻게 할까? 상대의 자존감을 높여 주면 된다. 브라이언 트레이시가 말한 것을 옮겨 보겠다.

우선 자신부터 준비가 되어야 한다. 자신이 얼마나 건강한 성격을 갖고 있는지부터 파악해야 한다. 파악하는 방법은 간단하다.

첫째, 자신이 스스로를 얼마나 사랑하느냐다. 그것이 그 사람의 가치관이나 성격 및 자부심의 정도를 파악할 수 있는 척도다.

둘째, 자기 책임을 얼마나 받아들이느냐는 것이다. 모든 일에 자기 책임을 인정하고 자신의 인생에 주인의식을 갖고 남을 원망하거나 비난하지 않는 사람이 진짜 건강한 사람이다. 모든 문제는 자신으로부터 시작하므로, 자신에게서 나가는 것이 없으면 들어오는 것도 없다. 자신이 상대에게 원하는 것이 있다면 자신을 먼저 바꿔야 상대도 반응한다.

자! 그러면 본격적으로 가족과 하나되고 행복해지는 방법을 얘기하겠다.

사람은 누구나 "내가 중요한 사람이라고 느끼게 해주세요"라는 보이지 않는 간판을 목에 걸고 다닌다고 한다. 그러기에 우리는 여기에 즉각적인 반응을 해야 한다.

그러면 놀랍게도 자신이 '중요'해진다. 먼저 파괴적인 비판을 하지 않는 것이다. 그것은 상대의 자부심을 땅바닥에 패대기치는 것이나 다름없다. 그러니 남을 무시하고, 기분을 엉망진창으로 만드는 파괴적인 비판만 삼가는 것으로도 멋있고 매력 있는 젠틀맨이 된다.

다음으로는 수긍하는 자세가 필요하다. 누구든지 가르치려 하지 말고 말싸움하지 말자. 나는 어지간해서는 말싸움을 하면 지는 법이 없었다. 그러나 얻는 것보다 잃는 것이 많다는 것을 알고 논쟁하는 것을 줄였다. 그리고 이해시키기보다는 이해하는 쪽으로 관점을 바꿨더니 내가 생각하는 관점에 하나의 관점이 추가되어 생각의 폭이 훨씬 넓어지는 경험을 했다.

또 내가 상대에게 설득당한 것 같아도 나에겐 아무런 변화가 없는 것을 느끼게 될 것이다. 여기에 비판에 대해 재미있게 표현한 에메트 폭스의 말이 있다.

"무례하게 비판을 하고 싶다면 낯선 사람에게 하고, 가족을 위해 따뜻하고 친절한 말은 아껴라."

많은 사람들이 범하는 잘못 중의 하나가 타인에게는 친절하고 예의 바르게 행동하지만 진짜 자기가 사랑하는 사람에게는 함부로 한다는 점이다. 불평하고 짜증내고 말싸움을 걸고 비난을 서슴치 않으니 안타깝기 그지없다.

그 다음은 미소다. 미소는, 나는 당신의 모든 것을 수용한다는 뜻이다. 수용은 조건 없는 사랑이며, 상대를 받아들인다는 뜻이다. 아무리 힘들어도 가족 앞에서는 미소를 잃지 말자. 억지로라도 미소를 지으면 상대는 편안하고 긍정적인 마음이 들게 되고 나의 뇌에서는 엔돌핀이 솟아나와 노력한 대가를 보상해 준다.

다음은 감사하는 마음이다! 앞에서도 감사에 대해 언급했는데, 정말이지 항상 감사한 마음만 유지한다면 본인과 주변 모든 사람을 행복으로 인도하는 천사도 되고 자신의 인생도 특별해질 것이다.

마지막으로는 칭찬이다. 칭찬은 고래도 춤추게 한다는 말은 누구나 알고 있다. 그러나 입에 발린 칭찬이 아니고 진실한 칭찬은 상대의 자부심을 엄청 높여 주는 효과가 있다. 항상 관심을 가져 주면 부메랑처럼 그대로 나에게 돌아오니 어찌 행복한 가정이 안 되겠는가. 한마디만 더하면 "사랑 받길 원한다면 사랑하십시오. 대접 받길 원한다면 대접해 줘야만 합니다."

그것이 성공의 가장 큰 비결이다.

둥근상인의 생각 직원관리는 리더가 하기 마련

리더가 되기 위한 필수 코스가 직원관리이다. 나도 한때는 직원 때문에 속을 많이 끓였다. 그런데 직원들도 나 때문에 속을 많이 끓였다. 그들의 입장에서 그들의 눈높이로 자신을 바라보자. 아마 속 다르고 겉 다른 자아를 보게 될지도 모른다. 집에서 키우는 개도 주인을 닮는다고 한다. 하물며 사람은 오죽하겠는가? 싸가지 없는 직원을 보면 나를 돌아보자.

전략 2 진정성이 답이다

행복을 팔아야 진짜 장사꾼이다

내 명함에는 '행복을 파는 가게 몽실식당' 이렇게 적혀 있다. 식당에서 행복을 판다고 하면 무슨 소리냐고 하겠지만, 식당에서 행복을 팔 수 없다면 외식업을 그만두어야 할 것이다. 우리가 파는 서비스 안에 고객의 행복이라는 원료가 있다. 그런데 이 고객의 행복을 빼놓는다면 제대로 된 서비스라고 할 수 없다. 제대로 된 음식이 안 나오는데 찾아올 고객이 얼마나 있겠는가?

진짜 꼭 기억해야 할 문제다. 아무리 시설이 훌륭하고, 아무리 맛있는 음식을 만들어 고객에게 제공한다 해도 행복이라는 양념을 빼놓는 순간 훌륭한 시설이나 좋은 맛은 물거품이 되고 만다.

기분이 상해 있는데 누가 시설에 눈이 갈까? 마음이 상해 입안에서 쓴침이 나오는데 누가 음식의 맛을 느낄 수 있겠는가?

맞다. 시설이나 음식에서 조금 빠지더라도 고객에게 행복이라는 양념을 주면 어지간한 것은 용서가 되기 마련이다. 그러면 그 행복이라는 양념은 무엇인가? 그것은 고객에 대한 관심이고 배려다. 고객의 얼굴에 쓰여 있는 무언의 말과 행동을 하나하나 관찰해서 그에 맞는 서비스가 들어가야 한다. 상행위의 모든 것이 여기에 해당한다. 내가 하는 모든 일이, 직원이 하는 모든 일이 고객 한 사람 한 사람에게 포커스가 맞춰지면 그는 행복해지게 되어 있다.

자신이 생각한 것보다 더 많은 서비스를 받았는데 불쾌할 사람이 어디 있겠는가?

자, 이제부터 관상쟁이가 되자. 과연 저 사람이 나에게 원하는 것이 무엇인가? 내가 무엇을 해주면, 어떤 말을 해주면 손님의 기분이 좋아질까?

누구나 연애를 해봤을 것이다. 연애할 때와 같이 고객을 사랑하면 된다. 상대가 안 받아 준다면 우선 짝사랑부터 시작하자. 그리고 계속해서 구애하고 헌신한다면 돌아서 안겨올 것이다.

옛 속담대로 열 번 찍어 안 넘어 오면 스무 번, 백 번이라도 찍어 보자. 고객을 진심으로 사랑하고 그를 행복하게 해줄 수 있다면 말이다. 그리고 약속대로 행복하게 해줘라. 검은 머리 파뿌리 될 때까지 최선을 다하자.

매너리즘에 빠지지 않으려면 사랑하라

외식업을 운영하는 중에 경력이 쌓이면 매너리즘에 빠지기 쉬운데, 이것을 방지하는 방법이 하나 있다.

'과연 내가 잘해서 고객들이 꾸준히 찾아오는 것일까? 왜 그들은 우리 가게를 열심히 이용하는 충성고객이 되었는가?'

그런 의문을 갖게 되면 고객에게 감사할 일밖에 없음을 알게 될 것이다. 다른 고객들은 떠나가는데 남아 있는 고객에겐 빚을 지고 있는 것이다. 어찌해야 빚을 갚을 수 있을까? 내가 고객이라면 무엇을 바랄까?

가게에 보여준 호감에 대한 진심어린 감사의 뜻으로 보다 세심한 배려를 해주는 것이 곧 장사다. 거기에 기본으로 지켜야 할 것이 몇 가지 있다.

첫째도 맛, 둘째도 맛이다. 뭐니 뭐니 해도 음식점은 맛이 변하면 생명이 끝난 것이다. 이를 방지하기 위해 누가 만들어도 레시피를 꼭 지켜야 한다. 본래의 맛을 항상 유지하기 위해서다. 또 계절에 따른 식재료 변화와 사람들의 입맛의 변화를 감지하기 위해서는 항상 간 보는 일을 철저히 해야 한다. 이것은 정성이라는 특수 양념의 첨가를 뜻한다. 이것을 시스템으로 만들어야 가게의 생명이 유지될 수 있다.

둘째, 직원의 고객 응대 서비스 수준이 가게의 성패를 결정짓는다. 숙달된 직원이 주인의식을 갖고 열심히 오래 근무할 수 있도록 반드시 인센티브를 주고 복지에도 세심한 배려가 필요하다.

셋째, 시설과 분위기, 위생, 청결상태는 주기적으로 점검하되, 사장 혼자보다 직원과 고객을 포함한 평가가 이루어져 문제점이 발견되면 바로 시정하도록 한다. 특히 청결상태는 가장 많이 신경을 집중해야 한다. 현관 입구나 주방, 배식구 등이 지저분한 곳은 희망이 없다. 시선이 많이 안 가는 쪽도 고객들은 살핀다는 점을 명심해야 한다.

넷째, 가게 홍보는 쉬지 않고 계속되어야 한다. 한마디로 "이만하면 되겠지", "그래도 지역에서는 소문난 집인데…" 등 자만하다가 한순간에 외면을 당하는 유명 식당들이 많다. 존재를 끊임없이 알려야 한다. 끊임없이 이벤트를 해야 하고, 다양한 방법으로 가게 이미지를 알려야만 고객들에게 외면을 당하지 않는다. 장사는 생물이다. 진화를 멈추는 순간 퇴보한다. 가게를 사랑하고 고객을 진심으로 사랑해 보자. 그에 대한 보상도 괜찮은 것이 장사다. 열정을 갖고 성실하게 최선을 다하자.

어려울수록 필요한 것, 성공확신

평범한 사람들은 운명론으로 살다가 힘 한번 제대로 써보지 못하고 세상에서 스러져간다. 우리나라 속담에 "안 되면 조상 탓"이라는 말이 있다. 최근 경기가 불투명한데다 4차 산업혁명으로 많은 일자리가 없어져 실업 대란이 일어날 것이라는 불안한 전망과 함께 체감경기는 더 내려갈 것이라는 절망적인 분위기가 짓누르고 있다. 당신은 세상 탓 세월 탓만 하다 그냥 망가질 것인가?

도대체 무슨 생각을 하고 있는가? 옛날 광고 중에 "생각대로 T"라는 말을 들은 적이 있다. 맞는 말이다. 사람은 자기 생각대로 움직이고 생각대로 성장과 퇴보를 반복한다. 한마디로 자유인이다.

문밖으로 나가 왼쪽으로 가고 싶으면 왼쪽으로 갈 수 있고, 오른쪽으로 가고 싶으면 오른쪽으로 갈 수 있는 존재가 사람이다. 바로 자동차왕 헨리 포드가 말한 대로, 할 수 있다고 믿는 것도 당신이고 할 수 없다고 믿는 것도 당신이다. 다시 말해 당신은 능력자다. 한마디로 슈퍼맨이고 초인 그 자체다. 그런데 언제부턴가 당신은 당신의 능력을 쓰지 못하고 있다. 당신이 세상을 구해야 하는 초인임을 상기하라. 당신은 마음만 먹으면 다시 부활할 수 있다.

지금부터 아침에 눈을 뜨면 최고 긍정문만 외쳐서 당신의 잠재능력을 끌어내자.

"나는 나를 사랑한다, 나는 나를 사랑한다." 이렇게 최하 50번 이상 외쳐라.

그리고 "나는 건강하다, 나는 행복하다, 나는 모든 면에서 날마다 좋아지고 있다."를 외치며 만면에 웃음을 지어 보라.

오늘은 나에게 반드시 특별하고 좋은 일이 일어날 것이라고 하며 하루를 시작하자. "인생지사 새옹지마"라는 말이 있다.

혹여 좋지 않은 일이 생겨도 '얼마나 좋은 일이 생기려고 이런 선물(?)을 먼저 주시나' 하며 대가를 지불했다 생각하면 틀림없이 더 나은 진짜 선물을 받게 된다. 그리고 특별한 것을 기대하면, 기대하는 일이 일어난다. 세상 이치대로 모든 것은 끼리끼리 뭉치더라는 것이다. 좋은 것은 좋은 것끼리, 나쁜 것은 나쁜 것끼리! 돈 많은 부자는 돈 버는 생각만 하니 점점 돈이 불어나고, 가난한 사람은 돈 걱정에 사는 걱정만 하니 점점 어려운 일만 생긴단다. 부자가 되고 성공하고 싶은가?

돈 버는 생각과 목표를 설정하고 발밑에 놓인 장애물들에 구애받지 말자. 성취한 모습만 상상하자. 세상은 긍정적인 사람들의 것이다. 성공한 사람들치고 긍정적이지 않은 사람이 없고, 실패한 사람들치고 긍정적인 사람은 없다. 긍정의 힘을 쓰는 슈퍼맨과 초인이 넘쳐났으면 좋겠다. 원래 난세에 영웅이 난다고 하지 않았던가. 이제부터 나라를 구하고 세상을 구해 보자.

중소기업도 대기업의 시스템을 따라 할 때 성장한다

생각=한계다. 생각을 크게 하고 시스템화하면 자동 성장한다.
브랜드와 브랜딩의 개념을 확실히 이해하여 자신의 신념을 상품
이나 가게에 넣어라. 그 스토리가 브랜딩을 만든다.

전문성을 가져라

나는 초등학교 5학년 때부터 신문팔이, 구두닦이, 그리고 다양한
노점상을 했다. 이것을 빼고 19세부터 사업자등록을 하고 정식으
로 장사를 한 햇수만도 40여 년의 세월이다.

매년 이웃 사장님들과 하는 공통적인 애기가 하나 있다. 바로 작
년보다 경기가 안 좋아졌고, 장사도 예년만 못하다는 것이다. 그 옛
날 엄청난 호경기 이후 IMF 사태와 더불어 세계적인 금융위기를
보냈으니 그럴 만하다. 그런데 재미있는 것은 호경기일 때도 망할
사람은 망했고, 불경기일 때도 사업을 일으켜 돈을 번 사람은 부자
가 되었다는 점이다.

여기서 중요하게 살펴봐야 할 것은, 어떤 사람들이 성공했느냐
는 점이다. 성공한 사람들은 어느 때를 막론하고 전문가들이었다.
그들은 경기가 좋을 때도 나빠질 때를 대비하여 외형보다 내실을
기하는 쪽에 더 많은 투자를 했다. 직원과 거래처와의 유대관계를

돈독히 하여 힘들 때 거꾸로 그들의 도움을 받아 위기를 모면했다. 경기가 회복되었을 경우에는 잠재된 능력을 발휘하여 엄청난 성장을 이루는 결과를 낳았다.

그러나 매번 경기가 안 좋다는 말만 반복하는 사람들은 자기 일에 전문성이 없는 사람이 대부분이다. 그러니 기회가 와도 기회인지 알 수 없다. 경기가 좋아 사업이 조금 잘되면 자신이 잘나서 그런 줄 착각하고 흥청망청 세월만 낚는다. 이처럼 준비 없이 보내다가 진짜 경기가 나빠져 힘들 때면 와르르 무너지고 만다.

나는 요즘도 경기가 나쁘다고 말하는 사람들에게 앞으로 20~30년 후에는 그래도 그때가 좋았다는 말을 할지도 모른다고 말한다.

위기는 곧 기회다. 당신이 믿는 신이나 세상이 당신을 더 성장시키기 위해 시간을 주는 것이다. 그런데 그것을 알아보지 못하고 세상 탓만 하는 잘못을 범하지 않기를 바란다. 장사가 조금 덜되어 시간의 여유가 생긴다면 자신이 하는 일을 더 잘할 수 있는 전문가가 되도록 공부하는 시간을 가져라.

하는 일과 상통하는 서적을 100권만 읽으면 누구나 그 계통에서는 최고 전문가가 될 수 있다. 세상에 공짜는 없다. 하는 일에 투자하는 시간이 성공을 부른다. 어려운 시기가 더 큰 성장을 준비하는 시간으로 유용하게 쓰이길 바란다. 아무리 불경기고 힘들다 해도 한번 생겨난 돈은 없어지지 않는다. 흐름이 바뀌고 주인만 바뀔 뿐이다. 21세기 돈의 흐름을 짐작해 보고 앞서 가서 내 것으로 만드는 지혜를 길러 보자.

상호가 회센터다. 상호 스타일대로 기본 반찬(일명 스끼다시)을 빼고 회에 집중해서 크게 돈을 번 집이다. 그러나 트렌드와 니즈가 바뀌어 옛날 같지 않은 상황에서 지금은 경기 탓만 하고 있다고 했다. 나는 이 집도 바꾸어주고 싶어 주인을 만나보니 주인이 막냇동생의 친구가 아닌가? 그래도 정중하게 멘토링을 시작했다. 경기가 어려우니 음식은 그대로 가고 인테리어와 그릇만이라도 바꾸라고 일러주고, 싸고 좋은 백자 파는 곳을 알려 줬다. 단박에 옛날의 영화를 찾았을 뿐만 아니라 세컨드 브랜드로 서울에 진출하여 대박을 내고 있다.

진성리더십이 필요하다

5년 전이다. 가게 매출이 성장하지 못하고 답보 상태에 빠져 또 위기가 시작되었다. 무엇이 문제인지 모르니 당연히 답도 없었다. 고민하기 시작했다.

'안 되는 가게를 넘기느냐? 다시 시작해 보느냐!'

'아니면 그대로 버티며 경기가 좋아지기를 기다리느냐!'

많은 고민과 망설임이 있었다. 이유는, 그때 당시 이미 TV 먹방에 10여 차례 방영되어 매우 유명한 맛집으로 그 전보다 10배 이상 외형은 커졌지만 비용이 더 많이 발생하여 손익분기점을 넘기지 못해 적자가 누적되고 있었기 때문이다.

아무리 고민해도 답을 찾지 못했다. 여하튼 매출이 올라도 손익분기점을 넘기지 못하니 답답한 상태를 벗어나지 못했다.

그러다 진성리더십을 통해 경영의 문제와 답을 함께 찾았다. 이후 공부의 효과로 세월호 사건, 메르스 사태 등 악재가 겹쳐 남들은 다 안 된다고 아우성치는 시기에 우리 몽실식당은 한 해 최하 30퍼센트 이상의 성장을 거듭했다. 직원, 납품업체, 고객 순으로 서열을 정해 놓고 그들의 이익을 위해 철저하게 배려하는 전략을 실천에 옮겼다. 그리고 총 순수익의 20퍼센트를 어려운 이웃들과 나누기 시작했다.

물론 시작 자체가 쉬운 것도 아니었고 상황이 만만한 상태도 아니었다. 장사는 잘되었지만 손익분기점을 넘지 못하여 빚은 점점 늘어나 호황 속에 도산할지도 모르는 위기 상황이었기 때문이다. 그렇게 불안하고 지루하기만 하던 시간이 흘러가며 조금씩 변화가 일기 시작했다. 역시 직원, 납품업체, 고객 순으로 변화가 일어나 점점 눈덩이가 불어나듯 지금의 모습이 되었다.

이제 조금 더 있으면 커지는 것을 제어하기 힘들 정도로 계속 커져, 우리가 원하던 글로벌 사회적 기업이 될 것을 확신한다.

매출이 작년 대비 무려 40퍼센트 이상 오르는 것을 보면서 '기적이란 이런 것이구나' 하는 느낌을 갖는다. 1~2월에는 월동기로 장사를 포기하기도 한다. 게다가 여러 정치 문제로 나라가 엄청 시끄

러운 시기인데도 창사 이래 최고의 매출을 기록했다. 또 2017년 5월에는 대통령 선거가 있어 정말이지 장사 안 되는 날이 많았지만 또 기록을 경신하는 것을 보면서 정말로 월 1억 원의 매출이 가능하겠다는 확신이 생긴다.

남들은 마이너스 성장을 하고 있는 시점에 이렇게 계속해서 매출이 상승하는 이유는 뭘까?

처절한 나와의 싸움에서 이긴 결과다. 끝이 없어 보이는 싸움으로 장사가 되든 안 되든 지금의 틀을 정해 놓고 적자가 누적되어도 계속해서 같은 서비스를 제공하기 위하여 내 허리띠는 졸라맸지만 직원들의 임금과 처우를 최고의 수준으로 유지했다.

직원들이 나의 진정성을 알아주길 기다리며 계속되는 출혈을 감수했기에 가능했던 것이다. 정말 이익을 위해 일하는 장사꾼으로서 현상 유지도 못하고 적자를 보면서 어떤 이상을 향해 간다는 것은 결코 쉬운 일이 아니었다. 그것이 가능했던 것은 직원들과 고객들이 이해해 주리라고 믿는 마음이 있었기 때문이다.

손님은 귀신이다. 그들은 우리의 일거수일투족을 감각으로 체득한다. 눈은 속일 수 있지만 감각은 한 번 느낌을 받으면 절대 잊히지 않기 때문에 손님을 귀신으로 표현한 선배 상인들의 생각에 공감한다.

대기업 인사담당 팀장을 하고 있다는 고객이 하루는 다음과 같은 말을 했다.

"직원에게 어떻게 대하기에 주인이 없는데도 그렇게 친절하고 즐겁게 일할 수 있습니까? 음식보다 서비스가 더 맛있습니다. 인덕이 많은가 봐요. 우리 회사 직원들을 데려다 교육해야겠습니다."

나는 빙그레 웃었다.

뉴 에버 노멀의 시대, 답은 이미 나왔다.

기부, 기부, 기부 또 기부. 고객이 나의 진정성을 알아줄 때까지 지치지 말고 계속하다 보면 언젠가 답이 나오고, 그 답은 영속성을 가질 정도로 기대 이상이 될 것이다.

'진짜슈퍼'가 이 집 상호다. 불과 10평도 안 되는 작은 가게다. 그러나 거의 없는 것이 없을 정도로 다양한 품목을 취급하고 있다. 그러다 보니 뭐 하나 특별한 것은 없고 복잡하고 지저분하기까지 한 작은 가게로, 나만 보면 푸념을 한다. 경기가 안 좋아 장사가 안 된다고 하면서 "사장님은 무슨 복이 많아 장사가 그리 잘되나요?" 하고 부러워한다. 처음에는 그냥 넘겨듣다가 같은 말을 반복하는 사장님이 안타까워 "제 복 좀 나눠 드릴까요?" 하니 농으로 생각한 주인이 제발 좀 나눠 달라고 했다.

  나는 정색을 하며 "그러면 내 말을 듣겠어요?" 하고 물었다. 그러니 이 양반도 정색을 하며 방법이 있으면 알려 달라고 매달리는 것이 아닌가. 그래서 "사장님 댁은 구색은 안 맞고 대체적으로 비싸다는 이미지예요. 이를 없애기 위해서는 1차 식품을 공략하는데, 제철 과일과 채소로 최고 좋은 상품을 도매시장 가격보다 500원만 싸게 받으면 성공할 수 있어요." 하고 가르쳐 주고, 가락동 청과시장을 두어 번 데리고 다니며 거래처를 연결해 주었다.

  결과는 어떻게 됐을까? 정말 대박 전문 야채가게로 둔갑했다. 이제는 대형식당에 납품까지 하는 도매상으로, 대형마트보다 더 좋은 상품을 더 싸게 판다는 이미지까지 얻었으니 정말 대박 아닌가?

동운상인 김동운의
40년 장사 스토리

바보가 천재상인이 된 사연

"무슨 일이든 용기를 가지고 절절한 마음으로 필사적으로 사는 것이 성공으로 가는 길이다."

나는 초등학교 시절 신문팔이, 구두닦이로 장사를 시작하여 약 40여 년의 장사 경력을 갖고 있다. 시작한 장사마다 90퍼센트 이상 성공했으며, KBS 9시 뉴스를 기점으로 다큐멘터리와 먹방 등 다양한 프로그램에 40회 이상 TV 출연도 했다.

지금은 대한민국 최초로 도래창 요리를 개발하여 불과 30평 남짓한 가게에서 하루 종일 손님을 줄 세우는 장사를 통해 연매출 10억 원이 넘는 식당을 운영하고 있다.

이렇게 하는 장사마다 대박을 치니 지인들은 나를 '천재상인'이라 부른다. 하지만 나는 천재는커녕 '바보' 소리를 듣고 자란 사람이다. 내 최종 학력은 중졸인데, 가정형편 때문이 아니라 수업을 도저히 쫓아갈 능력이 안 되는 학습 장애가 있었기 때문이다.

나는 초등학교 졸업 때까지 한글을 제대로 터득하지 못했고, 중학교 졸업 때까지 구구단을 못 외웠다. 당연히 항상 꼴찌였고, 집과 동네와 학교에서 공공연하게 바보취급을 받으며 왕따가 되었다. 또 무슨 이유인지 공매를 맞고 살았다. 그때 밖에서 나를 부르는 별명이 바보, 병신, 또라이, 울보였다.

집에서도 보름뵈기로 불렀다. 한 달에 보름밖에 못 본다는 뜻이다. 통학할 때 약 1시간 거리를 걸어 다녔는데, 아버지가 옆에 붙어서 같이 오는데도 집에 올 때까지 몰랐다고 해서 붙여 준 별명이다.

그 '바보'가 어떻게 '천재상인'이 됐을까?

다른 아이들보다 2~3배를 더 판 신문팔이

나는 신문팔이로 초등학교 5학년 때 장사를 시작했다. 그것은 한 달 월급이 600원 하는 신문배달을 서너 달 동안 한 경력이 있었기에 가능했다. 석간신문인데 서울 서대문 일대 약 5킬로미터 안팎으로, 농협중앙회의 많은 사무실과 서대문 극장 외 여러 개의 다방이 내 구역이었다.

덕분에 매일 영화를 볼 수 있었고, 어디서 신문 소비가 가장 많이 일어나는지를 알게 되었다. 그때 신문 확장을 위한 예비 신문으로 매일 2부의 여유분을 주었는데, 한 부에 50원씩 팔 수 있어 부수입이 더 짭짤했다. 그때 장사를 알았다.

남 밑에서 일하는 것보다 내 장사를 해야 돈을 더 벌 수 있다는 것을 알고, 3개월 후 배달을 그만두고 신문팔이로 전업을 했다. 역시 하루 수입이 한 달 월급을 넘길 때가 많았다. 한글도 잘 읽지 못하는 아이가 어떻게 그런 머리를 쓸 수 있었을까?

나는 그때나 지금이나 이재에 밝은 사람이다. 한마디로 돈 냄새를 잘 맡는다. 돈이 되는 일은 나도 모르게 집중을 하게 되고, 기가 막힌 생각이 떠오른다. 다른 아이들은 하루 종일 길을 헤매며 "신문이요, 신문"을 외치고 다녔는데, 나는 큰 힘 안 들이고 두세 배는 더 팔았다.

그 비결은 다방에 있었다. 다방에 가면 신문을 쉽게 많이 팔 수 있었던 것이다. 다방만 다니며 다른 아이들보다 수고는 덜하고 2~3배를 더 팔 수 있었으니 이미 타깃 영업을 할 줄 알았던 것이다.

후일담

내가 돈을 벌기(장사) 시작한 계기는 초등학교 1~2학년 때부터 구슬치기, 딱지치기, 삼치기 등을 하고나면서부터다. 그 덕분에 동네 구슬과 딱지는 우리 집에 다 모였고, 나는 아이들에게 되팔아 만화방도 가고, 그때 처음 시판된 삼양라면도 사 먹었다.

돈은 많을수록 부족함을 느낀다고 돈맛을 본 나는 자연히 장사의 길로 접어들 수밖에 없었다.

학교에 가면 바보지만, 장사할 때는 어떤 아이들보다 생기가 넘치고 눈동자가 또렷또렷한 똘똘한 아이였다.

"모든 사람은 천재다. 하지만 물고기들을 나무타기 실력으로 평가한다면, 물고기는 평생 자신이 형편없다고 믿으며 살아갈 것이다."

_아인슈타인

그는 또 이런 말도 남겼다. "세상 모든 아이들은 천재로 태어난다. 그러나 아이의 부모와 선생들이 아이를 바보로 만들고 만다."

가지고 태어나는 잠재력의 총합은 누구나 똑같다는 말이 있다. 잠재력의 총합은 같지만, 각자가 잘하는 분야는 따로 있다는 것이다. 다른 사람들이 가는 길을 따라가지 말고 나만의 천재성을 찾아 내가 좋아하고, 잘할 수 있고, 사회와 타인에게 조금이라도 도움이 되는 길을 찾아가는 사람들이 많아지면, 모두 행복한 천재가 되고 일등을 하는 멋진 세상을 만들어 갈 수 있지 않을까?

물론 불경기라는 말은 사전에서 없어질 것이다.

열심히 닦아 돈을 벌었던 구두닦이

중학교에 입학하자 구두닦이를 시작했다. 장사에 대한 이력과 용기가 생겼기 때문이다. 그때도 명품 구두가 있었다. 구두 바닥이 가죽으로 되어 있었고, 안 닦아도 될 정도로 깨끗했다. 그런 구두가 들어오면, 다른 아이들은 약만 덧칠하여 대충 닦아 주었지만, 나는 좋은 구두를 신는 사람들은 구두에 대한 애착이 강하다는 것을 알고 더 정성을 쏟았다.

그래서 시간이 더 걸려도 덧칠해진 구두약을 못 같은 뾰족한 쇠붙이로 긁어내고 새로 꼼꼼히 닦아 놓으면 거의 새 구두가 되었다. 역시 구두 주인은 구두를 볼 줄 아는 사람이었다.

"이 녀석, 구두 좀 닦는구나. 너 고학생이구나. 학비에 보태 써라." 하며 그때 구두 닦는 값이 100원 할 때 1,000원이라는 큰돈을 주기도 했다.

그리고 친구들을 소개해 주는데, 친구들 역시 명품 구두를 신고 다니는 사람들이고 항상 닦는 값의 두 배 이상을 주고 갔다.

그러니 수입이 다른 아이들보다 2~3배 많을 수밖에! 그때 고학생이라는 표현은 성실하다는 뜻이다. 이것은 헌신적인 성실함으로 소비자의 숨은 욕구를 만족시켜 주어 신용을 쌓아가는 지혜로운 장사 방법이다.

후일담

집과 학교에서 여전히 바보 취급을 받았던 나의 자존감은 추락할 대로 추락했다. 바보같다는 이유로 나이가 한 살 어린 사촌 여동생과 동급생으로 한 학교를 다녔는데, 공부 때문에 항상 비교의 대상이 되었다.

한 번은 아버지가 집에 놀러온 사촌 동생과 국민교육헌장 외우기를 시켰는데 내가 읽지도 못하니 매우 답답한 모양이었다. 급기야 아버지는 버럭 화를 내시며 "너는 평생 경자 똥이나 빨아 먹고 살아라" 하고 충격적인 말씀을 하는 것이 아닌가?

아직도 당시 상황이 생생히 기억난다. 또 나이는 같으나 생일이 한 달 늦은 사촌 동생 또한 공부를 잘했고, 나와 두 살 터울의 여동생마저 공부를 잘했으니 집에서 나의 삶은 쥐구멍 속에 갇힌 쥐같이 숨도 제대로 못 쉬고 살았다.

그 결과 중학교 3학년 때부터 입에 대기 시작한 술과 담배는 나를 망가뜨리는 매개가 되었다. 나는 술에 취해 행패를 부리다 맞고 들어오거나 친구들과 길거리를 몰려다녔다. 그러다가 아무 곳에나 쓰러져 잘 때도 있었으니, 어린 나이에 폐인 모드로 진입하는 상황이 되었고, 공부와의 인연은 완전히 끝나고 말았다.

불탄으로 대박 낸 연탄장사 시절

나는 중학교를 졸업하자마자 남대문시장에서 상인들을 상대로 숯과 연탄을 파는 장사를 했다. 보통 연탄장사 하면 손수레로 실어 나르는 것을 연상할 것이다. 그러나 내가 한 것은 앉은 장사였다. 새벽에 일찍 일어나는 것이 조금 힘들 뿐, 작은 점포 앞에 매일 팔 연탄을 쌓아 놓고 가게를 지키고 있으면서 아침에 가게 문을 여는 상인들을 대상으로 연탄 두 장과 숯을 파는 편한 장사였다.

그러던 어느 날 연탄불을 피워 놓고 불을 쪼이고 있는데, 그날따라 늦게 시장에 출근한 국수집 아줌마가 불탄을 팔라고 졸랐다.

나는 안 된다고 했지만 다급했던 아주머니는 절반이 넘게 탄 불탄을 생탄 값의 3배를 준다며 사정을 했다. 새로 불을 피워야 하니 조금은 불편했지만 3배의 수익이 싫지 않았던 나는 못 이기는 척 불탄을 팔았다. 나는 거기에 재미를 붙여 다음날에는 미리 불탄을 두 개 더 만들어 놓았고, 그러자 연기 때문에 숯불을 피우는 것이 불편하고 번거롭던 상인들은 서로 사 가려고 경쟁이 붙었다. 그날 이후 불탄을 10개, 20개 늘리다 보니 하루 100장을 넘게 파는 재미 있고 짭짤한 장사를 했다.

그 당시 송해 선생님의 「가로수를 누비며」라는 매우 인기가 있었던 라디오 프로그램에서 희귀한 장사를 한다며 인터뷰 요청이 들어왔다. 덕분에 최초로 방송을 타며 친구들과 동네에서 스타가 되었다.

이것은 소비자의 불편과 욕구를 채워 주는 방법으로 3배의 수익을 올리는 대박 장사가 되었다(모든 장사 기법은 소비자가 알려준다).

후일담

나는 어린 나이에 자살을 생각했고, 죽을 용기도 없는 스스로를 저주하며 술에 의지하게 되었다. 나 자신마저 인정해 줄 수 없었던 삶과, 세상 모두에게 버림받았다고 생각한 시기였다.

인격적인 대접을 받지 못했기에 짐승같이 살아야 하는 처절한 시기였다. 그 환경에서 버티기 위해선 특별한 조건이 필요했는데, 그것은 술에 취하는 것과 나를 업신여기는 사람들에게 골탕을 먹이듯 바가지를 씌우는 장사였다. 한쪽으로는 복수가 되고 돈까지 벌 수 있었으니 얄팍한 상술을 연구하는 일에 더욱 몰입하게 되었다.

그 덕에 장사를 하는 데는 탁월한 재주를 보였지만 인생관이 삐뚤어져, 이미 전과자가 되어 있는 친구나 선배들에게 나쁜 짓만 배워 점점 더 엇나가기 시작했다.

상인은 신용을 바탕으로 성장하는 것인데, 그릇된 가치관으로 얄팍하고 야비한 상술을 배우는 정말 안타까운 시기였다. 그때 세상에 믿지 못할 3대 거짓말에 속하는 '장사꾼의 거짓'은 당연한 것이라는 생각이 자리 잡게 되었다. 장사꾼이 자연스런 거짓말을 못 하면 장사꾼이길 포기해야 한다고 자랑스레 떠들고 다녔으니, 장 사할 때 누구를 속여 먹지 못하면 사흘을 배앓이할 정도였다.

나를 잘 아는 동네 어르신이 "너는 탈을 참 잘 쓰고 태어났다"고 칭찬 비슷하게 비아냥거릴 정도로 눈 하나 깜짝 않고 선한 모습으 로 사람들의 뒤통수를 치는 사람이었다.

이렇듯 고객은 돈으로, 직원은 도구로밖에 안 보는, 심지어 아내 를 공짜일꾼으로 생각한 한심한 놈이었다.

그런 그릇된 가치관을 허무는 데 무려 20여 년의 세월이 걸렸다.

19살에 시작한 5평짜리 해장국집이 대박 나다

19살에 시작한 해장국집은 테이블이 3개뿐인 아주 작은 가게였다. 우리 가게보다 5~10배 이상 큰 가게들의 경쟁 상대가 되지 못해 현상 유지도 힘들었다. 주변 식당들은 아침 7시에 나와 저녁 8시면 종료했지만 나는 새벽 4시부터 밤 12시까지 연장 영업을 할 수밖 에 없었다. 그래야 겨우 가게세와 생활비를 충당할 수 있었기 때문 이다.

그때 기적같은 일이 일어났다. 어느 날부터인가 새벽 4시 통금이 해제되기 무섭게 밤샘을 하던 조문객들이 찾아들기 시작한 것이 다. 조문객들이 매일 새벽 통금만 해제되면 몰려와 가게를 꽉 채우 는 것이 아닌가?

나는 하도 신기해서 "어디서 매일 사람이 사망해 사람들이 바뀌어 가며 문상을 오느냐?"고 물어 봤다. 그때 대답해 주는 사람이 한심하다는 듯이 내 얼굴을 한 번 더 보고 "바로 위에 세브란스 병원 영안실에서 매일 시신이 20구 이상 장례식이 치러진다."고 알려줬다.

그때는 장례식장이 없을 때라 대학병원에만 있는 영안실에서 매일 장례를 치룰 때다. 매일 밤샘을 하는 200~300명의 문상객들이 편의시설이나 식당이 없었던 영안실에서 밤샘을 하며 쫄쫄 굶고 있다가 통금이 풀리면 주변 해장국집을 찾아 나섰던 것이다.

나는 그것을 알고 내친김에 병원까지 찾아가는 서비스를 했다. 커다란 들통을 이불로 둘러싸 보온을 유지하고 손수레에 해장국을 가득 싣고 가서 팔기 시작했다. 600원 하는 해장국을 보통 200그릇 이상 팔아 매일 10만 원씩을 은행에 저금하는 대박 장사를 하게 되었다. 당시 직장인 월급이 10만 원 내외 하던 시절이니 대단히 큰돈을 벌었다. 그러다 보니 특별한 장사를 한다는 이유로 KBS 9시 뉴스에 우리 해장국집이 소개되어 더욱 유명세를 타며 매우 많은 돈을 벌었다. 이것은 최선을 다할 때 기회도 함께 온다는, 내가 체험한 소중한 경험이었다. 즉 최선을 다하는 삶이 기회를 가져오고, 다시 그 기회를 잘 살린 적극적인 아이디어가 최상의 결과를 낸 것이다.

후일담

약관의 나이인 19살이었다. 처음 시작했을 때는 정말 절실하고 필사적인 마음으로 장사를 했다. 지금 생각해도 정말 대단하다 할 정도로 하루에 3시간 정도만 자며 열심히 일했다.

그러나 몸이 지치면 쉬면 되지만 마음이 지칠 때는 방법이 없었다. 그렇게 알코올 중독은 서서히 중증에 이르렀다. 가끔이지만 새벽장사가 끝나면 해장으로 소주를 서너 병씩 마시고 가게에 엎드려 자는 경우가 생겼고, 어떤 때는 술에 취해 차도 한복판에 쓰러져 자는 웃기지도 않는 처참한 일이 생겼다.

이러니 동네 창피해서 가게를 더 이상 유지하지 못하고 처분할수밖에 없었다. 만일 그때 지금 같은 정신 자세로 장사했다면 지금쯤 식당재벌이 되어 있지 않을까? 그래도 장사가 너무 잘됐기에 돈을 벌어 논밭을 샀다. 그 이후 그것으로 땅장사를 한다며 여기저기 돌아다니다가 어린이대공원 옆 능동에서, 한국에 상륙한 지 얼마되지 않은 켄터키 프라이드 치킨, 지금의 KFC를 오픈했다.

그러나 그때만 해도 길옆에 논밭이 있었던 능동에서는 손님들이 멀쩡한 통닭을 잘라 판다고 잘 사먹지 않아 문을 닫아야 했다. 그리고 룸살롱 술집으로 전업했다.

역시 돈 버는 재주가 있던 나는 대박을 터트렸다. 그때 당시 면목동에 다세대 주택 붐이 일어 건설업이 엄청 호황을 누릴 때였다. 하루에 손님 서너 팀만 받으면 순수익 100만 원 이상의 매출이 발생하니 눈이 더 돌아가고 말았다. 어린 나이에 매일 술과 여자들을

끼고 살며 놀음까지 해대며 이런 헛소리를 했다.

"소주는 써서 못 먹겠고, 맥주는 배가 불러 못 먹겠고, 나는 양
주 체질인가 봐!"

이렇게 돈을 물 쓰듯이 쓰니 아무리 돈을 많이 벌어도 대책이 없
었다.

끝내는 사채에 쫓겨 가게 문을 닫고, 고향 같은 남대문시장 안
얼음과 석유 도매하는 곳에서 약 1년간 점원 생활을 해 작은 돈을
만들었다. 그 후 답십리와 성남에서 다시 해장국 장사를 개시해 매
우 많은 돈을 벌었다. 그때도 계속했으면 더 큰돈을 벌었을 텐데,
일은 싫어지고 과시하고 싶은 욕망으로 성남경찰서 맞은편에 성남
에서는 다섯 손가락 안에 드는 산수회관이라는 한식집을 차렸다.

그때만 해도 성남시에는 전문점이 없을 때였는데, 총주방장에
육부장과 냉면 기술자까지 제대로 갖춰 장사를 시작했다.

그러나 나는 혼자 할 때 잘하는, 혼자 잘난 사람으로 직원 관리
는 빵점이었다. 그렇게 총체적인 경영 부실로 3년 만에 가진 돈을
다 날려버리고 빚까지 졌다. 정치 바람까지 불어 뭔가 한자리 해볼
욕심으로 정치인들을 쫓아다니다가 가게에 신경을 못 쓴 것이 파
탄을 앞당긴 원인이 되었다.

한마디로 뱁새가 황새를 쫓아다니다 가랑이 찢어져 죽는다고 그
꼴이 난 것이다.

다윗과 골리앗의 싸움이 된 슈퍼마켓 장사

우리 부부는 빚이 있는 상태에서 양평으로 이주하여 7평 정도의 작은 상점(신양슈퍼)을 인수하여 장사를 시작했다.

그때 편도 1차선 도로 건너편에 우리 가게 규모의 3배가 넘는, 지역 토착민이 운영하는 마트가 있었지만 그들은 우리 가게와 경쟁 상대가 안 되었다.

그런데 장사가 잘되자 옆 건물 지하에 우리 가게 규모의 10배가 넘는 복지매장이 들어섰다. 한순간에 가게 매출은 1/10로 떨어져 가게 유지가 어려울 정도가 되었다.

그때 나는 특유의 성실함과 근성을 발휘하기 시작했다. 서울 근교지만 시골인 양평에서는 모든 상점이 10시를 넘기지 않고 문을 닫았다. 그러나 나는 새벽 2시까지 영업을 했고, 며칠간 복지매장을 관찰한 결과 공산품 쪽으로는 경쟁을 할 수 없지만 1차 식품 쪽으로는 취약해 보였다. 답이 나왔다. 직접 가락동 도매시장에서 1차 식품으로 과일과 채소를 받아서 가게 앞에다 산더미같이 쌓아놓고 사람들의 시선을 끌었고, 복지매장과 재래시장의 도매 채소 가게보다 배추 1통에 100원을 싸게 팔았다.

시세를 모르는 손님들은 가격을 물어보고 갔다 다시 와 물건을 사기 시작해, 소문이 퍼지자 채소를 사려면 무조건 우리 가게로 오게 되었다. 또 식당과 잔칫집이나 상갓집에 납품을 하는 배달장사를 양평에서는 처음으로 시작하여 무거운 상품을 구매하는 부담을 덜어줬다.

어느 날 복지매장 사장이 자신의 매장에서 팔던 양주 한 병을 들고 나를 찾아왔다.

"사장님같이 지독한 사람은 처음 봅니다."라며 울었다.

그날 저녁 그 복지매장 사장은 부도를 내고 도망갔다. 덕분에 원래 내가 인수할 때의 가게 매출보다 20배 이상이 됐으니, 이것은 다윗이 골리앗과 싸워 이긴 것과 같다. 지금도 그렇고 앞으로도 마찬가지다.

우리 소상공인들은 언제 어느 때 대형 자본과 경쟁을 해야 될지 모른다. 그때 나의 장점과 상대의 약점을 잘 파악해 보면 분명 탈출구가 보일 것이다.

그곳에서 장사를 약 8년간 했는데, 4~5년은 하루에 2~3시간 자며 한 끼 먹으면 잘 먹는 날이요, 두 끼 먹으면 생일이라고 할 정도로 바쁘고 힘든 삶을 살았다.

슈퍼마켓을 운영할 때 큰 깨달음을 얻었다. 과로로 코피가 나는데 너무 힘들다 보니 한쪽을 막으면 다른 쪽으로 터지고, 둘 다 막으면 입으로 코피를 쏟으며 엄청 힘든 시기를 견디었다.

그런데 기적 같은 일은, 머리가 나빠 공부를 못한 내가 슈퍼에서 파는 500~600가지가 넘는 상품의 판매가와 원가는 물론 덤핑 가격까지 다 외우며 나의 능력과 한계의 뚜껑을 여는 임계점을 돌파했다는 점이다. 덤으로, 장사는 파는 게 아니라 사는 것이라는 숨은 비밀도 알게 된 시절이다.

우연히 시작한 낚시점도 대박 나다

척추를 다쳐 장애가 생긴 막냇동생에게 빚이 있던 나는 꽤 큰돈을 들여 동생에게 낚시점을 차려 주었다. 그리고 납품업자에게는 내가 보증을 설 테니 가게에 필요한 용품을 제대로 채워 주라고 부탁했다. 동생에게 미안한 마음을 이렇게라도 갚고 싶었기 때문이다.

낚시점 장사가 곧잘 되는 것 같았다. 그렇게 4년이 흐르고 지긋지긋한 슈퍼마켓을 접고, 본업인 식당을 하려고 가게를 얻어 수리를 하며 오픈 준비를 하는데, 사고가 터지고 말았다. 동생이 큰 액수의 물건 값을 체불하고 도망을 가서 연락이 두절되었기 때문이다.

나는 시작하려던 식당은 어머니에게 맡기고 낚싯대 한 번 잡아보지 않은 몸으로 팔자에 없는 낚시점을 운영하게 되었다. 그때부터 가게 소파에서 쪽잠을 자고 24시간 영업을 하며 낚시 공부를 했다. 그리고 약 1년 만에 『낚시 춘추』와 『월간 낚시』라는 잡지에 칼럼을 쓰고 낚시 기인 소리를 들으며 대박을 치는 낚시점을 만들었다.

후일담

어쩔 수 없어 대출까지 받아가며 동생 문제를 해결하고 망해버린 낚시점을 떠안게 되었다. 나는 내가 생각해도 참 대단한(?) 사람이다. 어떻게 전문가도 힘든 낚시점을 낚싯대 한 번 안 잡아보고 낚시 기인 소리를 들으며 두 곳의 잡지사에 매달 칼럼을 쓰고, 장사 또한 대박을 칠 수 있었을까?

어느 날이었다. 가게에 우두커니 앉아 있는데, 60대 중반 정도의

216

아저씨가 들어와 릴 지렁이 바늘 3개만 주라고 주문했다. 그러나 릴 지렁이 바늘이 어떻게 생겼는지를 몰라 두리번거리자 내 앞에서 바늘 3개를 집으며 "당신, 낚싯방 주인 맞아?" 하고 물었다.

"네." 하고 대답하니 "얼마야?" 하고 바늘 값을 묻는데 또 우물쭈물하니 "당신 정말 낚싯방 주인 맞아?" 하고 재차 물었다. 그때야 자초지종을 대충 얘기하니 혀를 끌끌 차며 "이거면 될 거야." 하며 1,500원을 주고 갔다.

그 후 그는 매일 오다시피 하며 낚시의 기본기를 가르쳐주어 나는 열심히 공부했다. 그러나 우리 가게 앞에 이미 20년 가까이 되는 전문 낚시점이 2개가 나란히 붙어서 서로 경쟁하는 바람에 손님이 내 차례까지 오지를 않았다. 그러나 하느님의 돌보심인지, 당시는 민물낚시에서 루어와 프라이 낚시로 장르가 전환되는 시기였다.

그때 낚시 회사에 고용된 프로 낚시 기사라는 친구들이 우리 가게에 영업을 하러 왔다. 그들은 일반 낚시꾼이 아닌 루어 낚시와 플라이 낚시 전문가들로 바다낚시까지 섭렵한 사람들이었다. 그들은 양평이라는 촌동네에 루어 전문점을 입점시키고 싶어 했고, 나는 기존 방법으로는 기득권을 점하고 있는 앞집들을 이길 수 없어 새로운 길을 모색하고 있었던 상황이니 서로가 원하는 목적이 맞아떨어졌다.

나는 '루어로 가자' 이렇게 결정했고, 가게에 루어교실을 열고 프로 중 한 명이 교습을 해주기로 하였다. 이렇게 루어 낚시 붐을 일으키며 거기에 맞는 장비는 빚을 얻어가며 완벽하게 갖췄다.

한술 더 떠서 남한강에 배를 띄워 배낚시를 하자는 꾐에 빠져 제주도에서 쓰던 큰 중고 배를 대출까지 받아 덜컥 사버리고 말았다. 민물에서는 띄울 수 없는 큰 배를 사는 사기를 제대로 당한 것이다.

그러나 거기에 굴하지 않고 스스로 플라이와 루어 낚시를 배우고 가르치면서 양평에서 낚시 기인 소리를 들으며 최고의 루어 낚시점을 만들었다.

그때 지역의 전문 낚시꾼들의 도움을 받았는데, 그들의 특성이 약간 건달 물을 먹은 사람들이라 순수하지가 않아 괴롭힘이 심했다. 나를 술집에 불러 기물을 파손하며 공갈을 치는 사람, 물건을 훔쳐 가는 사람, 진열하고 꺼내는 데 꼭 필요한 사다리를 빌려가 한나절이 되어도 안 가지고 와서 찾으러 갔더니 치사하게 그걸 찾으러 왔다고 자신의 와이프 앞에서 따귀를 때린 사람도 있었지만 모든 것을 참았다.

나에겐 그들이 꼭 필요했기에 그들이 아무리 괴롭혀도 내 일에 충실하며 실력을 갖춰 명실상부한 낚시 기인 소리까지 들은 것이다. 그때 나를 괴롭혔던 친구들은 나를 보면 혀를 내두른다. 진짜 머리가 좋은 사람이라고, 도저히 당해 낼 수 없다고 말한다.

슈퍼마켓과 낚시점을 할 때 사즉생 생즉사의 정신으로 했다. 무슨 일이든 필사적으로 하다 보면 자신도 모르는, 생존 본능 속에 잠자고 있던 무의식의 잠재력이 튀어나와 의식의 역량을 최고로 끌어올리는 계기가 되는 것 같다. 누구나 운동을 하면 할수록 근육이 늘듯이 말이다.

노점상과 장돌뱅이

처형이 200만 원을 빌려주어서 1백만 원짜리 화물차를 사고 50만 원으로 천막을 씌우고 노점상으로 생과자 장사를 시작했다. 그렇게 1년 하고 5일 장터로 들어가 족발과 순대 장사를 하려고 했지만 장터 상인 중 족발과 순대를 파는 사람이 있어 못하게 되었다. 그래서 다른 상인이 팔지 않는 품목을 찾다가, 산에서 막걸리 파는 것을 보고 장에서 최초로 잔 막걸리를 팔았다. 거기에 어울리는 닭발과 돼지껍데기까지, 그러다 잘되어 하남 덕풍시장 뒷골목에서 작은 가게 '한맛 인삼&한약 막걸리'를 오픈했다.

닭발, 돼지껍데기, 등갈비와 직접 담근 막걸리로 하루 종일 줄 세우는 초대박식당을 운영했다. 재밌는 것은 막걸리 담그기부터 닭발·돼지껍데기·등갈비 등 모든 것을 책에 나온 레시피만 보고 만들었지만 최고 맛집이라는 칭호를 들으며 막걸리를 하루에 15말 이상 파는 대박집을 만들었다는 점이다. 주변 지인들이 믿기지 않는단다.

어떻게 그런 일이 가능할까?

나는 새로운 일을 시작할 때 두려워하지 않는다. 안 되면 다시 하면 되니까. 이렇게 수없이 많은 시도를 통해 새로운 음식 개발에 성공하여 연신 대박을 쳤다.

항상 어떤 일을 시작할 때 절실함이 합쳐지자 전혀 다른 차원의 역사를 쓰게 되었다. 결과는 엄청난 빚을 다 갚고 양평에 다시 입성!

그렇게 승승장구하다 이번에 나에게 문제가 생겼다. 돈욕심이 과하다 보니 투잡으로 다단계와 쓰리잡으로 중고차 딜러를 시작하고, 엎친 데 덮친다고 빚보증과 사기를 크게 당해 빚만 몇 억이 남은 완전한 알거지가 된 것이다.

살림살이는 물론 집까지 뺏겨 길거리에 나앉아 오도 가도 못하는 신세가 되었다. 그때 처형의 소개로 이웃이 새집을 짓고 버려둔, 비가 새고 쥐구멍이 사방에 뚫려 쥐와 동고동락하는 30년이 넘은 슬레이트집에서 만 6년을 살았는데, 그땐 정말 힘들었다.

집에 쌀이 떨어져 아이들을 굶겨야 할 때도 있었기 때문이다. 그때 성당에서 어려운 사람을 도우려고 모아 놓은 좀도리쌀을 밤에 몰래 퍼다 먹었다. 그런데 누군가가 20킬로그램짜리 쌀 3포를 갖다놓고 간 것이 아닌가? 염치 불구하고 앞뒤 가리고 않고 먹었는데, 한참만에야 본당 총회장님이 몰래 놓아두고 간 사실을 알았다.

완전히 망했을 때 가장 큰 문제는, 자존감이 무너지며 옛날 술버릇이 다시 나오고, 생활이 어려워지자 남대문시장 시절의 양아치 근성이 다시 고개를 든 것이다. 아이들과 먹고 살아야 하니 일은 해야 하는데 앞이 안 보이는 생활은 나를 더 큰 우울함에 빠뜨려 술에 의존하게 했다.

낮부터 술에 취한 어느 날 죽어 버리고 싶다는 충동으로 동네 철물점에서 노끈을 사서 두 토막으로 만든 다음 저녁 6시쯤 동네 산으로 올라갔다.

어느 정도 올라가 사람이 없는 것을 확인하고 긴 것은 올무를 만들어 비탈진 곳의 나무에 튼튼히 묶어 놓고, 짧은 것은 손을 묶고 발 뒤로 넘겼다. 다급해지면 손으로 풀 것을 대비한 완벽한 준비였다. 이제 목을 걸고 비탈로 몸만 던지면 되는데, 비탈에서 목을 걸기 전에 미끄러지고 말았다. 그때 나는 시커멓고 커다란 괴물이 나를 빤히 쳐다보다 사라지는 모습을 보았다.

그것은 뭐라 말할 수 없을 만큼 무섭고 두려운 모습이었다. 그것은 악마였다.

나는 엄청 울었다. 처음에는 무서워 떨며 울었고, 무서움이 사라지자 나의 불쌍한 모습을 보며 울었다. 한참 울다 보니 어둠발이 들기 시작하는데, 나무에 드리워지는 그늘의 모습이 아까 본 괴물의 모습을 하고 있는 것이 아닌가?

순간 또 죽음의 그림자가 드리워지는 것을 느끼며, 엄청난 두려움에 휩싸이기 시작했다. 그때 내가 벌떡 일어나 도망치듯 울면서 산을 내려온 기억은 지금도 나를 비참하게 만드는 고통스런 기억이다.

그 후에도 죽음의 그림자는 내 주변을 계속 맴돌며 기회를 노렸다. 그러나 그때 무서움과 마주쳤던 두려움 때문에 감히 다시 시도할 생각을 못하게 되었다. 그 괴물은 아직도 나를 포기하지 않았다. 내가 생각하지 못할 때 전혀 뜻밖의 방법으로 나를 피폐하게 만들고 있기 때문이다.

혹여 삶이 힘들어 죽음을 생각하는 사람이 있다면 악마의 조작에 빠진 것은 아닌지 깊이 생각해 보기 바란다. 죽는 순간 당신이 봤던 어떤 무서운 것보다 더 두려운 괴물을 보게 될 것이기 때문이다. 다시는 헤어 나올 수 없는 끝없는 두려움과 고통 속으로 빠지는 자신의 모습도 같이 보게 될 것이다.

견뎌야 한다. 견디면 그것이 거름이 되어 당신을 큰 나무가 되게 성장시켜 줄 것이다.

그때 이후 두려운 마음에 죽고 싶어도 시도도 못하고 고통을 받아야 했다. 정말 힘들고 깜깜했다. 안개 속같이 앞날이 보이지 않는, 하루 벌어 하루 살기도 빡빡한 하루살이 삶은 정말 힘들었다.

매일 숨을 쉴 틈도 주지 않고 계속되는 캐피탈 쪽의 심한 빚 독촉 전화는 사람을 미치게 만들고 항상 불안하게 만들었다. 어떤 때는 욕을 해대는 경우도 있어서, 전화 오는 것이 겁나 아예 전화를 꺼놓고 살기도 했다.

당장 3남매 떼거리와 엎친 데 덮친다고 하필이면 큰아이가 그때 발달장애 판정을 받았다. 그렇게 힘들다 보니 매일 강소주로 만취가 되도록 술을 먹을 수밖에 없었다.

아마 그때 술도 안 먹었다면 정말 미쳤을지도 모를 일이다. 우여곡절 끝에 5일 장터에서 먹을거리를 시작하여 장사가 잘되면서 힘을 펴기 시작하자 이번에는 시장 안에 세력을 갖고 있는 깡패 출신들이 그냥 놔두질 않았다. 매일 사무실로 불러 머리를 툭툭 치며 술을 사라, 기부를 해라 등 여러 조건을 걸어 괴롭혔다. 또 같은 상인들과 상점을 갖고 있는 이들의 괴롭힘은 말로 표현하기 힘들 정도였다.

특히 상가를 갖고 있는 사람들은 누군가 뒷골목에 오줌을 싸거나 토하고 가면 전부 우리집 막걸리를 먹은 사람이 그랬다며 내 멱살을 끌고 가기 일쑤였다. 그러면 노점상을 하는 죄로 아무 말도 못하고 100미터 이상의 거리에서 물을 길어다 청소를 해줘야 했다. 그렇게 괴롭힘을 당하며 속으로 눈물을 삼키는 경우가 허다했다. 그래서 연극을 하기로 했다. 장터에 가면 양아치요 깡패 같은 행동을 해 주변 상인이나 지역 양아치들이 나에게 함부로 못하게 하기 위해서였다. 그렇게 10년에 걸쳐 연극을 하다 보니 이것이 연극인지 내면에 깊이 숨어 있던 본성이 튀어나온 것인지 어느 날 완전한 양아치가 되어 있었다. 기가 막힌 건 또 10년이 지난 지금도 내 안에 숨어 있는 양아치(괴물)가 틈만 있으면 튀어나와 나를 처참하게 뭉개 놓고 간다.

양평의 입장에서 연구한 몽실식당

하남에서 대박을 치던 '한맛 인삼&한약 막걸리'의 메뉴와 시스템을 좀 더 보완하여 양평에서 오픈했다. 그러나 양평 사람들은 인정을 해주지 않았다. 1년은 곧 잘되겠지 하면서 보냈고, 2년째 접어들어서는 공격적인 마케팅을 하며 더 열심히 했다. 그렇게 3년째 접어들었을 때는 하남에서 벌어놓은 돈을 모두 까먹고 또 빚이 늘기 시작했다.

그때야 뭔지는 몰라도 크게 잘못됐다는 생각에 가게를 넘기려고까지 고민했다. 그러나 자존심이 허락하지 않아 가게를 포기할 수가 없었다.

나는 가게를 접는 대신 방법을 바꾸기로 마음먹고 지역을 다시 살피기 시작했다. 양평은 서울 근교이지만 전형적인 시골이라 우리 메뉴가 안 먹히는 곳이었다. 닭발은 닭을 잡으면 버리는 것이고, 돼지껍데기보다 살코기를 즐겨 먹으며, 막걸리는 농사지을 때 실컷 먹어서 이제는 싫다는 것이었다. 그러니 아무리 마케팅을 하고 서비스를 잘해도 손님이 늘지 않은 것은 당연했다.

정말 황당했다. 나름 장사의 달인인데, 여러 가지 방법을 써 봤지만 대안이 없었다. 그때 "중이 제 머리 못 깎는다"는 말이 떠올라 제3자에게 의뢰를 하려고 찾던 중 잡지사 「외식경영」 대표 김현수 씨에게 컨설팅을 부탁해 바로 대안을 찾았다

지역 사람들이 고기를 즐겨 먹으니 좋은 고기를 중저가에 팔기로 결정하고, 고기맛을 높이기 위해 숯불에 굽기로 하고 후드를 설치하면서 인테리어와 상호까지 바꾸고 전국의 고기 맛집을 돌았다.

멀리는 제주 흑돼지 전문점 돈사돈부터 시작하여 갈비 삼겹으로 유명한 인천의 부암갈비 등 전국의 고기 맛집을 100여 군데 돌아보고 어디서는 밑반찬을, 어디서는 고기를, 어디서는 불판 등 내 맘에 드는 것들만 모아 메뉴 세팅을 하고 장사를 시작했다.

그러자 바로 기적이 일어나기 시작했다. 3년 동안 1일 매출 30만 원을 못 넘겨 2억 원의 적자를 냈던 가게가 한 달 사이에 1일 매출이 50만 원, 100만 원으로 뛰었다. 그렇게 시작한 가게가 5년 동

안 세월호 참사, 메르스 사태, 세계적인 불황 등의 파고를 넘어 매년 20퍼센트 이상 매출 상승이 이어지고 있다. 또한 앞으로는 직영점과 체인사업을 하고 컨설팅과 코칭을 동반한 교육사업을 하려고 상표등록을 마쳤다.

후일담

하남에서 장사를 잘하고 있던 어느 날 저녁 9시쯤에 전화가 왔다. 초등학교 2학년이 된 막둥이 아들의 담임선생님 전화였다. 교실의 선생님 전용 캐비닛에 넣어둔 가방이 없어졌는데, 아무래도 아들이 걱정된다며 혹시 이상한 점을 발견하지 못했느냐고 묻는 것이었다.

그때 우리는 장사가 너무 잘되어 밤 12시는커녕 새벽 2~3시에 집에 들어갈 때다. 나는 아직 장사 중이라고 말씀드리고, 급하게 가게를 접고 밤 12시가 되어 집에 들어가 보니 안 보이던 장난감 탱크와 헬기가 있는 것이 아닌가?

나는 문제가 생긴 것을 깨닫고 아이를 깨워 담임선생님을 찾아뵈었다. 선생님께서는 아이들을 키우다 보면 그럴 수 있다며, 괜찮다고 했지만 난 사정을 하며 배상해 드리고 백배 사죄를 하고 나왔다.

2학년이 된 막둥이가 5학년이지만 발달장애가 있는 형을 시켜 망보게 하고 망치로 선생님의 캐비닛을 부수고 가방을 통째로 훔쳐 돈만 꺼내고 가방을 버렸던 것이다. 나는 아이들에게 정말 미안했다. 어린 것들을 방치한 채 먹고 산다고 돌아다니다 보니 아이들에게 문제가 생긴 것이다.

아이들의 교육과 행복을 위해 기를 쓰고 버는데 아이들이 망가지면 무슨 소용인가?

다음 날 손님이 가득 들어찬 상태에서 "우리 가게 할 사람?" 하고 소리 질렀다. 그러자 내가 장난치는 줄 알고 손님 거의가 "저요, 저요." 하고 손을 들었다.

나는 정색을 하고 "가정에 문제가 생겨 가게를 처분하려 합니다. 정말로 할 사람은 내일 가게로 오세요!" 하고 소리쳤다.

그러자 세 사람이 왔는데, 그중에 가장 젊은 친구에게 기술과 영업 노하우를 3개월간 전수해 주고 나는 양평으로 건너와 지금의 자리에 같은 상호와 같은 시스템을 적용하되 좀 더 업그레이드를 시켜 오픈했다. 나는 무조건 잘될 줄 알았다. 왜? 이미 하남에서 검증된 시스템이니까. 그러나 그건 내 생각일 뿐 그것은 하남 스타일이었다.

우여곡절 끝에 몽실식당으로 상호도 바꾸고 시스템을 바꾸자 매출이 2~3배씩 뛰기 시작하며 먹방에 자주 노출되자 점점 장사가 잘되고 자리를 잡아 갔다.

이제는 조금 여유도 있고 주변의 인정도 받고 살고 싶은데 여전한 양아치 습성이 문제였다. 점잖은 좌석에서 술을 먹다 깽판을 부리고 싸움질을 하여 며칠을 빌고 다니는 일이 생기는가 하면, 장터 장사를 할 때와 같이 손님과 욕하며 싸우는 어리석은 짓을 되풀이했다.

직원들이 조금만 잘못해도 눈을 부라리며 성질을 내 석 달을 넘기는 직원이 없으니 악순환으로 이어져 다시 망할지도 모른다는 두려움으로 불안했다.

자신도 모르게 부글부글 끓어오르는 화는 어디서 오는 것이며, 수시로 빠지는 우울감은 어떻게 해야 하나! 또 너무 급박한 세월을 살아서 그런지 인정이 없는 내 모습을 보면 나도 정이 떨어질 때가 있었다.

처음엔 모든 게 세상 탓이요, 직원들이 무능하다고만 탓했다. 그러나 외형이 커져 혼자서는 도저히 운영할 수 없고 사람이 필요한데 쓸 만한 사람은 없고, 그렇게 답답해하며 끙끙 앓다가 성공한 기업인들은 어떻게 하는지 궁금하여 찾아보니, 성공을 도와주는 곳이 있었다.

바로 한국리더십센터였다. 나는 곧바로 찾아가 뭐가 뭔지 몰라 두리번거리다가 입구에 위치한 카페 유리벽에 강의 목록이 있는 것을 확인하고 제일 빨리 시작하는 강의를 신청했다. 이렇게 생전처음으로 리더십 강의를 접하게 되었다. 실로 신세계를 발견한 느낌으로 송수용 DID 드림캠프 대표의 강의를 1년여 동안 듣고 장사에 적용하였다. 또한 브라이언 트레이시, 크리스토퍼, 나폴레온 힐까지 섭렵하였음에도 깨닫지 못하던 리더십의 진수를 윤정구 교수의 진성리더십을 공부하면서 깨닫게 되었다. 이때 공부한 것들이 내 장삿길에서 터닝 포인트가 되어 주었다.

에필로그

사람은 누구나 하고 싶은 일이 있고, 크건 작건 소망을 갖고 산다. 그러나 그 소망을 이뤄내 자신이 원하는 삶을 완성한 사람은 많지 않다. 어느 누가 지금의 모습보다, 오늘의 생활보다 더 나아지기를 원치 않겠는가?

나는 서울 서대문구 천연동 산4번지에서 태어났다. 서대문구치소 뒷동네로, 산동네며 빈민가였다.

그때는 모두가 힘든 시기였지만 유독 더 힘들게 사는 사람들이 많이 모여 사는 곳에서 유년 시절을 보냈으며, 중학교에 입학하면서부터 청소년 시기인 18세까지 남대문 시장 안에서 성장했다.

나는 그곳에서 장사꾼들이 거짓말을 밥 먹듯 하고 사기를 치고 협잡하는 모습을 보면서, 장사는 저렇게 하는 것이라는 관념이 박혔다.

모진 환경 속에서 살아남기 위해 발버둥친 세월 탓인지 나에게 착하게 산다는 것은 너무 힘들고 어려운 일이 되었다.

나는 초등학교를 졸업할 때까지 한글을 터득하지 못했다.

중학교를 졸업할 때는 꼴찌에서 두 번째를 한, 학습능력 장애를 갖고 있는 아이였다. 아이들은 나만 보면 바보, 병신, 쪼다, 울보라고 부르며 왕따를 시키고 놀림의 대상으로 삼았다.

나만 보면 괜히 툭툭 치고 놀려대니 혼자 있을 때가 가장 편한 외로운 아이였다. 초등학교 6학년 때 전국적인 IQ검사가 있었다. 그때 IQ가 97이 나오자 담임선생님이 아버지를 불러 "아이가 저능아를 겨우 면했습니다. 아드님은 공부보다 운동이나 기술을 가르치는 것이 좋을 듯합니다."라고 말씀하셨다.

늦공부가 터지길 기대하며 나름 장남에 대한 기대를 품고 있던 아버지의 어깨가 늘어졌다.

그 후 부모님의 관심 밖으로 밀려나 신문팔이, 구두닦이로 인생을 시작해 단 한 번도 부모님의 도움을 받지 못했고, 중졸이 최종 학력이 됐다.

어른이 없는 독불장군의 삶은, 실패를 딛고 한 발 한 발 나아가다 두세 발 미끄러지는 그리스신화 속의 시지프스와 같은 삶이었다.

내 자신에 대한 실망과 좌절로 중학교 때부터 입에 대기 시작한 술은 결국 30여 년간 알코올 중독자의 삶으로 이어졌다.

남자는 태어나서 3번 운다고 했던가? 하지만 나는 수없이 많은 눈물을 흘리며 살아야 했다.

나는 장사만 40년을 넘게 한 뼛속까지 장사꾼으로, 다양한 장사를 경험한 사람이다.

이재에 밝아 무슨 장사든 시작만 하면 대박을 쳤다.

그 덕에 뉴스, 다큐, 먹방 등 TV출연을 40여 차례 이상 하며 '먹방 스타'라는 소리까지 들었다. 그러나 끝까지 성공한 것은 하나도 없었고, 결과적으로는 모두 실패하고 말았다.

하지만 지금은 대한민국 최초로 도래창 요리를 개발해 주말이면 하루 종일 손님을 줄 세우는 식당을 운영하고 있다.

그리고 이렇게 외식업에 관한 책도 출간하기에 이르렀다. 또 천재상인이라는 닉네임을 갖고 창업경영에 관한 코칭과 컨설팅, 강의를 하고 있다.

그것은 많은 실패로 축적된 고통이 진주가 되었기 때문에 가능한 일이다.

돈만 좇던 장사꾼 시절

나는 누구보다 열심히 사는 사람이었다. 아니 살아남기 위한 어쩔 수 없는 환경 때문이었는지 모르겠다.

하여간 어렸을 때부터 일을 두려워해 본 적이 없다. 몸으로 하는 일은 누구보다 잘했고 부지런했다.

어느 날 아내와 외식을 하고 카페에서 커피 한잔 하며 기분이 좋아진 나는 집사람에게 물어보는 듯 으스대며 한마디 했다.

"여보, 나는 정말 천재인가 봐! 어떻게 하는 장사마다 다 대박을 치고 그렇게 다양한 음식을 개발할 수 있으며 탁월한 경영을 할 수 있겠어?"

칭찬을 기다리며 아내의 눈치를 보니 별로 칭찬하고 싶지 않은 눈치였다.

그래서 살짝 꼬리를 내리며 "운이 좋았나?" 하고 또 눈치를 보니 안타깝다는 듯이 나를 보며 "당신이 머리가 좋았거나 운이 좋았으면 지금쯤 재벌이 되어 있을 거야. 당신같이 그렇게 열심히 하는데! 그 정도는 아무것도 아니지~"

맞다. 맞는 말이다. 술을 좋아해 매일 만취상태에 빠지고, 숙취가 아무리 심해도 단 한 번도 가게를 쉰 일이 없으며, 몸살감기로 온몸이 부서질 정도로 아파도 단 한 번 쉬어본 적 없이 정말 열심히 살았다.

한때는 2~3시간만 자고 '하루에 한 끼를 먹으면 잘 먹는 날, 두 끼 먹으면 생일'이라 부르며 10여 년을 살았다. 또 노점과 장돌뱅이 생활을 할 때는 비가 억수같이 쏟아져 발등으로 빗물이 넘어갈 정도가 되어 장이 서지 않을 때에도 혼자 장사를 하며 10년을 하루도 쉬지 않고 만근을 하고 접었다.

이런 말이 있다. 쌍코피 터지면 죽는다고. 그러나 나의 임상경험은 쌍코피가 터져도 안 죽더라는 것. 수차례 쌍코피가 터졌지만 살아 있지 않은가? 그렇게 열심히 살고 무슨 일을 하든 임기응변에 강하고 눈치가 빠른 덕에 밥 먹고 사는 데는 큰 어려움을 모르고 살았다.

그러나 진짜 중요한 것을 모르는 헛똑똑 바보였다.

장사꾼이라면 거짓말을 잘하는 사람이 성공한다고 생각했다. 신용을 먹고 성장하는 사업은, 정직하지 못한 나에게는 치명적인 약점이었다. 이 사실을 깨닫기까지 많은 실패를 경험할 수밖에 없었다.

큰돈이 독이 되다

사람들에게 없어서는 안 되는 것이 재물이지만 어떤 사람에게는 독이 되고, 그 독은 주변 사람에게까지 피해를 주기도 한다.

수완이 좋은 덕에 하는 장사마다 다 대박!

그러나 술과 오락을 즐기는 타락한 생활로 이어져 돈은 모이지 않고 오히려 가정이 파괴 직전까지 가게 되었다. 그때 집사람의 요청으로 천주교 신앙을 받아들였고, 신앙을 가지면 무조건 사람이 착해지는 줄만 알고 20년 넘게 신앙생활을 했다.

그러나 개념 없는 신앙생활은 본질적인 변화를 유도하지 못했다. '흰개꼬리 시궁창에 3년을 담가 놓아도 흰개꼬리 그대로'란 말이 있다. 각성이 없는 노력은 남에게 보여주기 위한 겉모습만 변할 뿐 속은 그대로였다. 힘들면 나도 모르게 내려놓는 괴물을 안고 사는 것이다.

상대를 인정하는 것이 나를 인정하는 것이다. 인정받고 싶다면 상대를 인정해 주면 된다.

하지만 나는 그러질 못했다. 한마디로 직원은 도구로, 고객은 돈으로 보았다.

"세상의 모든 길은 로마로 통한다"라고 했는데, 나는 모든 것을 돈으로 환산하는 사람이었다. 이재에 밝아 계산이 엄청 빨랐다.

그러나 약은 고양이 밤눈 어두운 줄 모르고, 장님 제 닭 잡아먹는다는 속담이 있듯, 혼자 잘난 척 약은 척 하는 덕에 직원은 3개월을 못 견디고 장사는 한계에 직면했으며, 잦은 업종 전환으로 성장이 정체되는 일이 반복되었다.

멘토를 만나다

세상을 살아가는 지식을 배울 곳은 넘쳐난다. 그러나 지혜롭게 사는 법을 배울 곳은 그리 많지 않은 것 같다.

어느 날이었다.

'왜 나는 크게 성공을 하지 못하는 것일까? 나름 수완이 좋고 탁월한 장사 기법을 갖고 있고 그렇게 열심히 살았는데!'

절실한 마음으로 인터넷을 검색했더니 '성공을 도와주는 가게'가 떴고, 나는 그곳이 무엇을 하는 곳인지도 제대로 모른 채 바로 찾아갔다.

그곳은 한국리더십센터였다.

입구에 카페가 있었고 학원같이 강의실만 있는 곳이었다. 유리 벽면에 그 달의 강의 목록이 쭉 쓰여 있는 것을 보고, 첫 번째로 송수용 DID 대표의 강의를 들었다.

중학교를 가까스로 졸업한 나에게 리더십 강의는 엄청난 충격이었다. 새로 접한 지식은 꿀처럼 달아 이곳을 기점으로 대한민국에서 운영되는 어지간한 리더십 강의를 거의 섭렵했다.

브라이언트레이시, 크리스토퍼, 나폴레온 힐, 국민대 최고경영자과정, 장안대 프렌차이즈과정 외 크고 작은 다양한 리더십 과정들을 약 4년 정도의 시간과 비용을 투자해 경험하였다.

리더십을 공부하고 변화를 꾀하다

나는 직원 관리를 위해서는 올바른 리더십이 꼭 필요하다고 느꼈다. 정말 열심히 공부했다.

그러나 본질(나)이 변하지 않으니 아무것도 변하는 것이 없었다.

리더십을 한마디로 사람을 부리는 기술이라고 생각했다. 하지만 그렇게 진정성이 빠진 액션 공부는 직원 한 명의 변화도 이끌어내기 어려웠다.

그러다 우연찮은 기회에 공짜 리더십 강의를 듣게 되었다. 그러나 눈멀고 귀가 먹은 나는 진주를 알아보지 못하고 그냥 '좋은 교육이다'라는 정도의 느낌만 받았다. 교육을 이수하고 소소한 만남을 이어가던 중 윤정구 교수님과 이창준 박사님 및 몇몇 동문들에게서 뭔가 새로운 느낌을 받기 시작했다.

'이 사람들 뭐하는 거지? 이것이 진성리더십인가?'

영어를 모르는 사람은 미국인의 말을 알아들을 수 없다. 그렇듯 처음 진성리더십을 접할 때 나의 느낌은, 말도 안 되는 일이라고 생각했을 정도로 이상적인 것이었다. 그러나 그것을 실천으로 옮겼을 때의 파격적인 효과는 경험해 보지 않은 사람들은 짐작하기도 힘들다.

마찬가지로, 우리 직원들과 가족들은 나의 진정성과 합리성을

234

인정해 주지 않았다. 한때는 너무 힘들어 때론 포기하고 싶을 때도 많았다. '내가 무슨?' 이런 생각이 들 때마다 그냥 꾸준히 바보 같은 행진을 이어갔다.

변화는 그렇게 어렵다. 나는 지금 30년을 넘게 즐겨먹던 술을 끊어가는 중이다.

사람이 변한다는 것은 쉬운 일이 아니다. 특히 어떤 중독에서 벗어난다는 것은 정말 힘들다. 나는 목숨을 걸고 술을 참기 시작했다. 이제 만 2년이 넘었다.

이렇게 또 계속 참을 생각이다. 주변과 세상에 보탬이 되는 사람으로 거듭나기 위해.

세상의 누구도 누군가를 인위적으로 변화시킬 수 없다. 그러나 누구든 희망과 공감을 하게 된다면 변화가 시작된다.

직원들의 복지를 시작한 지 만 3년이 넘었다.

주변 동종 업소보다 월급을 올려주고 4대보험에 연월차에 퇴직금제도까지, 거의 일반 기업 수준으로 나름 파격적인 대접을 해줬다. 선순환이 일어나길 기대하며 알아서 잘 해줄 거라는 믿음으로 실행한 것이다. 그러나 그들은 더 많은 것을 바랄 뿐 쉽게 변하지 않았다.

설상가상, 처음엔 나의 생각에 기대를 하고 처우개선에 동조했던 집사람이 반대하기 시작했다. 장사는 잘되지만 비용이 너무 많이 발생해, 자칫 잘못하면 호황 속에 부도난다며 그만하자고 말리는 집사람을 설득시키는 일도 힘들었다.

장사의 철학을 세우다

돈 욕심이 많고 교만하여 기고만장하던 나는 낚시점을 운영하면서 빚보증을 잘못 섰고 투잡 쓰리잡으로 다단계와 중고차딜러를 했다. 무리한 욕심의 결과는 약 2년만에 완전한 파산이었다. 전 재산을 날리고 엄청난 빚만 남아 길바닥에 나앉게 되었다.

그나마 지인의 도움으로, 비록 오래 방치해 놓아서 빗물이 새고 쥐의 소굴이 된 집이지만 무료로 만 6년을 살 수 있었다. 단돈 천 원이 없었고 쌀은 떨어져 어린 삼남매를 굶기게 생겨 성당에 모아 놓은 좀도리쌀을 몰래 퍼다 먹으며 연명을 할 때, 누군가 20kg 쌀 3포를 갖다놓고 갔는데, 20년 만에 본당 총회장님이 놓고간 사실을 알았다.

노점상부터 장돌뱅이 생활까지 죽기 살기로 일해 지금에 이르렀다. 그리고 지금은 성당에서 갖다먹은 좀도리 쌀값과 본당 총회장 님께서 주신 쌀 3포값을 갚아 나가고 있는 중이다.

내가 운영하는 몽실식당을 통해 서스펜디드(미리내)운동으로 2,000그릇 넘게 배고픈 이웃과 이미 나눴으며, 그 일은 계속 이어 질 것이다. 또한 매출의 0.5%를 매달 유니세프에 기부한 지 만 3년 이 넘었다. 그리고 여러 NGO단체를 통해 매출의 1% 이상을 기부 하고 있으며, 코칭과 컨설팅을 통해 성실하지만 꿈을 꿔 보지 못한 작은 가게 주인들과 그곳에서 종사하는 직원들을 돕고 있다. 그들 도 성공해서 릴레이로 매출의 0.5%를 유니세프에 기부하는 기쁨 을 맛보게 하려는 것이다.

교육과 자선을 이어가는 사회적 기업을 만들려고 한다. 나눔의 삶을 사는 착한 가게를 10만 개 만드는 것이 나의 꿈이 되었다. 이 것을 만들어 놓으면 지속가능한 21세기의 오병이어 기적이 되어 굶주림으로 죽는 이가 사라지게 될 것이다.

이것이 내가 꿈꾸는 인생 이모작이다.

이제 세상에 진 빚을 되갚는 의미있는 인생을 살고자 한다.

함께 가는 세상을 꿈꾸다

개천에서도 용은 난다.

직원들은 비록 식당에서 설거지와 서빙 등을 하고 있지만 성실한 사람들이다. 따라서 그들도 교육과 시스템으로 경쟁력을 확보할 수 있다.

나는 나약한 다윗과 같은 직원들을 골리앗(세상)을 이길 수 있는 영웅으로 만들 것이다. 함께 가는 여행, 불과 얼마 전까지만 해도 포기하고 싶은 마음이 굴뚝같았다. 그러나 포기할 수 없다.

조금씩 아주 조금씩이지만 천천히 직원들이 변하고 있다.

지금 세상은 어느 때보다 노동의 가치를 중요하게 생각하고, 그에 대한 합당한 보상이 이루어지는 때다. 다른 한편으로는 너무 센 인건비 부담으로 소상공인들의 자립기반이 흔들리고 있는 것도 현실이다.

그러나 우리 직원들은 하나같이 일을 두려워하지 않는다.

그들의 남다른 노동력에 자본과 시스템을 더해 주면 작지만 성공하는 기업인이 될 수 있으리라고 믿는다.

세상에서 성공한 이들의 공통점 중에 하나가 용기있는 도전과 끝까지 버티는 것이다.

시작해 보아야 문제도 알 수 있고, 해결 능력도 생긴다.

아직도 갈 길이 멀게만 느껴진다. 그러나 천릿길도 한 걸음씩이라고 그동안 많은 변화가 있었고 나 또한 많이 변했다.

이렇게 앞으로 약 20년을 내 나이 80세까지, 넘어져 상처나고 지쳐 쓰러질 때도 있겠지만 아프리카 무당같이 계속 기도하며 거북이같이 쉬지 않고 앞으로 나아갈 것이다.

나에게 코칭을 받았거나 내 마음을 알아주는 지인들 모두가 나를 돕고 격려해 주고 있다.

사람은 인정받을 때가 가장 행복하다고 한다. 요즘 내가 그 상황으로 진입하고 있는 느낌이다.

시장상인회 이사로 미래발전위원장 직함을 갖고 시장의 발전을 위해 봉사하고 있으며, 청년 창업 멘토로 활동하면서 소상공인들을 돕는 창업·경영 코칭과 컨설팅을 해주는 덕에 친구들이 많아지고 있다.

이제 막이 올랐다. 신명나게 놀아볼 생각이다.

구민진 여사는 이 책이 나오기까지 가장 큰 협조자입니다. 그녀는 나의 아내이자 평생친구요 수호천사입니다. 만일 그녀가 내 곁에 없었다면 지금의 나는 결코 없었을 것입니다. 이 책을 구민진 예수님에게 바칩니다.

또 우리 큰딸 햇님이와 큰아들 대우, 막둥이 성덕이에게도 '부족한 아빠 밑에서 잘 커줘서 고맙다'는 말을 남기고 싶습니다. 지금은 세상 모든 사람들에게 감사하는 마음뿐입니다.

감사합니다.~♡

몽실식당 • 동운상인 대표 김동운

TV 먹방에 40여 회 이상 소개된 대한민국 대표 맛집이 있다. 인구 10만의 작은 도시 양평에 자리하고 있는 몽실식당이다. 그러나 그곳은 불과 5년 전만 해도 연매출 5천만 원을 못 넘기는 폐점 직전의 가게였다. 그런 가게를 변화시켜 연매출 10억 원을 넘기며 대박 행진의 반전을 이끈 사람이 있다. 바로 김동운 대표다.

그의 학력은 중졸이 전부지만 장사에만은 천재적인 재능을 보여 '천재상인'이라는 별명으로 불린다. 그는 초등학교 시절 신문팔이부터 시작해 지금까지 40여 년의 장사경력을 갖고 있으며, 하는 장사마다 90프로 이상 성공시킨 장사의 달인이다. 신문팔이, 구두닦이, 목욕탕 때밀이, 각종 노점상부터 연탄장사, 슈퍼마켓, 낚시점 등 다양한 장사를 했으며, 손을 대면 20배 이상의 매출 상승을 올리는 특별한 촉을 갖고 있는 타고난 장사꾼이다.

근래에는 몽실식당을 배우려고 전국에서 모여드는 사람들에게 일대일 장사 코칭에 힘쓰고 있다. 또한 강사로도 데뷔해 그를 필요로 하는 곳이면 어디든 가서 '성공하는 장사법'에 대해 강연하고 있다.

최악의 불확실성 시대, 넘쳐나는 자영업자 시대의 파고를 넘기 위해, 그가 40여 년 장사를 통해 체득하고 축적한 성공비결을 만나보자.

E-mail : ehddnsvs@naver.com / HP : 010-3318-2286

몽실식당 이야기

초판 1쇄 인쇄 2018년 4월 9일 | **초판 1쇄 발행** 2018년 4월 16일
지은이 김동운 | 펴낸이 김시열
기획 1인1책(www.1person1book.com)
펴낸곳 도서출판 자유문고
　　　(02832) 서울시 성북구 동소문로 67-1 성심빌딩 3층
　　　전화 (02) 2637-8988 | 팩스 (02) 2676-9759
ISBN 978-89-7030-122-8 13320　값 14,000원
http://cafe.daum.net/jayumungo (도서출판 자유문고)